Oda Tietz

Dekorieren & Verzieren

Oda Tietz

Dekorieren & Verzieren

Mit Gemüse, Blüten und Früchten

Weltbild

Inhalt

Die Rezepte

Dekotipps im Überblick

	Kalte Platten	Suppen	Salate	Gemüsegerichte	Fleischgerichte	Fischgerichte	Desserts
Ananas-S (➔ Seite 102)	x						x
Ananasschmetterling (➔ Seite 102)	x						x
Apfelblüte (➔ Seite 112)	x		x				x
Avocadofächer (➔ Seite 56)	x						
Birnenfächer (➔ Seite 110)							x
Blütenschmuck (➔ Seite 88)	x	x	x	x	x	x	x
Blumen aus Kartoffelkugeln (➔ Seite 36)				x	x	x	
Borretsch-Butterroulade (➔ Seite 13)	x				x		
Bunte Butterkugeln (➔ Seite 122)	x				x		
Butter von der Rolle (➔ Seite 123)	x						
Butterblumen (➔ Seite 120)	x				x		
Butterrosen (➔ Seite 121)	x						
Butterroulade mit Meerrettich (➔ Seite 13)	x						
Butterroulade mit Paprika (➔ Seite 13)	x				x		
Champignonkörbchen (➔ Seite 74)	x		x	x	x		
Champignonranke (➔ Seite 74)	x						
Fliegenpilz (➔ Seite 44)	x						
Formen aus Blätterteig (➔ Seite 125)	x	x	x	x	x	x	
Früchte im Schokomantel (➔ Seite 98)							x
Gebündelte Möhren (➔ Seite 28)	x			x	x	x	
Gemüsekugeln (➔ Seite 38)	x		x	x	x	x	
Gurkenfächer (➔ Seite 66)	x		x	x			
Gurkenrosette (➔ Seite 66)	x		x	x			
Kandierte Blüten (➔ Seite 94)							x
Kandierte Kirschen (➔ Seite 116)							x
Kannelierte Zitrusfrüchte (➔ Seite 104)	x		x	x		x	x
Kartoffelblüten (➔ Seite 32)				x	x	x	
Kartoffelkörbchen (➔ Seite 34)				x	x	x	
Kaviarbutter (➔ Seite 13)	x						

Küchengeräte

Fantasievoll herausgeputzte Gerichte – egal ob Salate, Suppen, Fleischspeisen oder Desserts – machen Appetit, sind ein Blickfang auf jeder Tafel und werden von Ihren Gästen mit Beifall belohnt. Dabei ist es ganz einfach, aus Möhren, Radieschen, Tomaten oder Früchten hübsche Dekorationen zu zaubern und Alltagsgerichte aufzupeppen. Als nützliche Helfer unterstützen Sie spezielle Küchengeräte. Werkzeuge, die Ihnen die Arbeit erleichtern und für eine perfekte Garnitur sorgen, finden Sie unten aufgeführt.
Lassen Sie sich auf den folgenden Seiten Schritt für Schritt in die Schule der Dekorationen einführen und zu neuen Gestaltungsideen inspirieren.

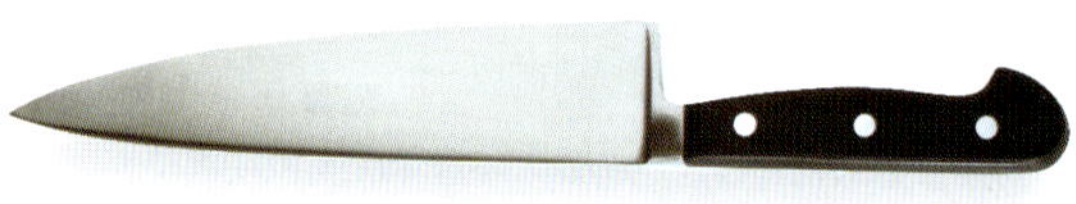

Das Kochmesser ist ein unentbehrlicher Helfer zum Schneiden von Fleisch, Gemüse und Obst.

Das Gemüsemesser zerkleinert und schält Obst oder Gemüse.

Für viele Schneidearbeiten in der Küche eignet sich das Universalmesser.

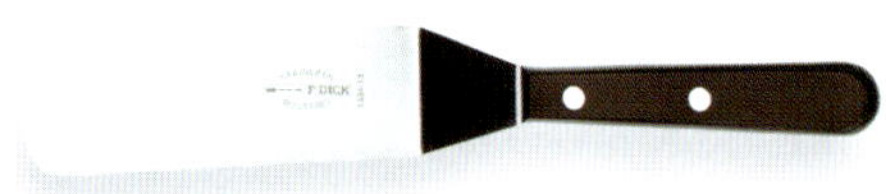

Die Palette hilft beim Transport von zerbrechlichen Teigwaren.

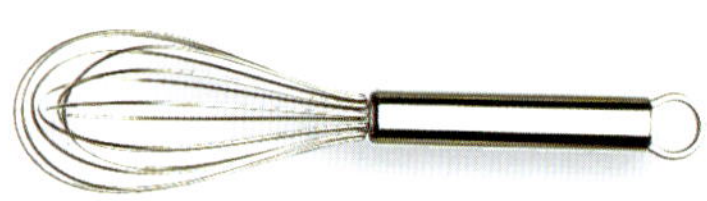

Salatsaucen werden mithilfe des Schneebesens so richtig cremig.

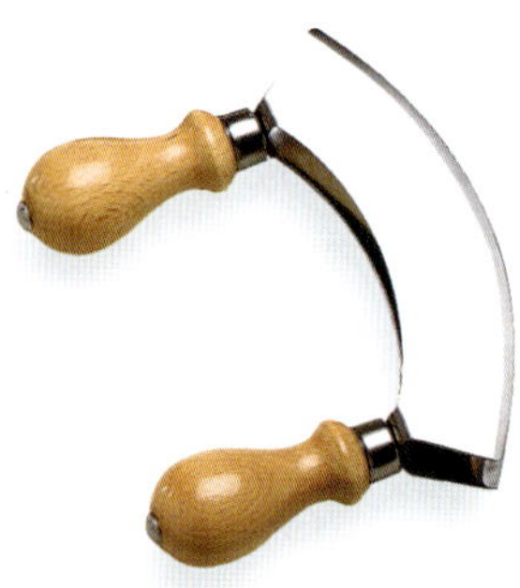

Mit dem Wiegemesser bekommen Sie Kräuter, Gewürze und Zwiebeln klein.

Die gezackte Klinge des Buntschneidemessers schneidet ein dekoratives Wellenmuster in Butter, Obst oder Gemüse.

Mit dem Kanneliermesser schneiden Sie feine Streifen in die Schalen von Gurken, Zitronen oder Orangen.

Mit Kugelausstechern in verschiedenen Größen heben Sie wohlgeformte Kugeln aus dem Fleisch von Obst und Gemüse.

Der Sparschäler garantiert geringen Abfall beim Schälen von Gemüse und Obst.

Zum Aushöhlen von Gurken und Zucchini ideal: der Gemüseaushöhler.

Schöne Ornamente aus Sahne oder Buttercreme gelingen mithilfe des Spritzbeutels und seiner unterschiedlichen Tüllen.

Weitere nützliche Helfer

Apfelausstecher	Sticht das Kerngehäuse aus dem Apfel.
Ausstechförmchen	Bringen Butter, Teig, Gemüse und Obst in Form.
Entsteiner	Befreit Kirschen und Oliven von ihren Steinen.
Filiermesser	Trennt Haut von Fisch und Fleisch.
Küchen-Gaze-Sieb	Zum Sieben von Puderzucker und Mehl, auch zum Passieren von Früchten.
Küchenwaage	Wiegt Zutaten ab.
Pralinengabel	Erleichtert das Überziehen von Petits Fours.
Rettichschneider	Schneidet Rettich und Gurken spiralförmig.
Rotary Cutter	Schneidet Blüten aus Tomaten und Eiern.
Zestenreißer	Zum Abziehen von Zitronen- und Orangenschalen.

Deko-Küchenhelfer

Mit diesen drei Küchenhelfern kann man ohne viel Aufwand kleine Kunstwerke gestalten, welche die Speisen noch appetitlicher und origineller machen. Der Fantasie sind beim Verzieren keine Grenzen gesetzt! Und was das Schöne ist: Die kreative Zauberei, das Spiel mit Farben und Formen wird garantiert mit Gästelob belohnt. Dann wiederum beweist sich: Das Auge isst mit!

- Der Kugelausstecher liefert die schönsten Kugeln – so viel man will – aus Obst, Gemüse oder Butter.

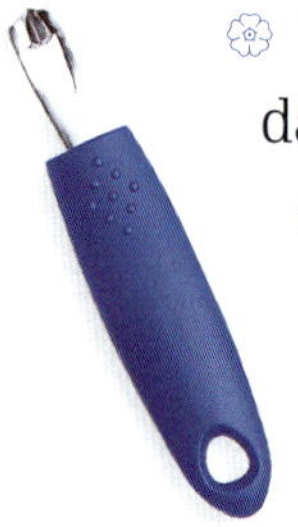

- Wie ein Zauberstab ritzt das Kanneliermesser fantasievolle Muster in die Oberfläche oder die Schalen von Obst und Gemüse.

- Mit der dickzackigen Klinge des Buntschneidemessers lassen sich mühelos aparte Wellendekors in Butter, Obst oder Gemüse zaubern.

Rote Forellen-Gemüse-Kugeln

4 Portionen
Ganz einfach

• 1 kg Rote-Beete-Knollen • 1 EL geraspelter frischer Meerrettich • 2 geräucherte Forellenfilets • 150 g Créme fraîche • 4 EL Schlagsahne (steif geschlagen) • Salz • Frisch gemahlener weißer Pfeffer • 2 EL Forellenkaviar • Dillzweige zum Garnieren

Rote Beete putzen, dabei Wurzeln und Blätter bis auf 2 Zentimeter abschneiden, so dass ein kleiner Krautstumpf an der Knolle bleibt, damit die Knollen beim Kochen nicht ausbluten.

Die Knollen waschen. Das Salzwasser zum Kochen bringen, die Knollen hineingeben und etwa 80 Minuten garen. Herausnehmen, mit kaltem Wasser abschrecken und die Schale abstreifen.

Mit dem Kugelausstecher Kugeln ausstechen, in Blütenform auf 4 Tellern anrichten, mit Meerrettich bestreuen.

Von den Forellenfilets die Gräten entfernen. Die Filets fein zerdrücken.

Créme fraîche in eine Schüssel geben, Schlagsahne, dann Filets unterheben. Mit Salz und Pfeffer würzen. Rings um die Rote-Bete-Blüten Tuffs setzen, mit Kaviar verzieren und mit Dillzweigen garnieren.

Kräuterbutter mit Knoblauch

- 6 Knoblauchzehen • 250 g Butter
- 2 EL zerkleinerte Frühlingskräuter (Dill, Schnittlauch, Petersilie)
- 2 TL zerriebener Thymian
- Saft von 1 Zitrone • ½ TL Salz

Die Knoblauchzehen schälen und fein schneiden. Die Butter in einer erwärmten Schüssel verrühren und mit den zerkleinerten Knoblauchzehen, Kräutern, Thymian, Zitronensaft und Salz vermengen. In eine Butterschale füllen. Kalt stellen. Die fertige Kräuterbutter vor dem Servieren mit dem Buntschneidemesser verzieren.

Borretsch-Butterroulade

- 1 hart gekochtes Ei • 250 g Butter
- 1 Prise Salz • 1 Handvoll frische, gereinigte Borretschblüten

Das Ei schälen. Das Eigelb durch ein Sieb streichen. In einer erwärmten Schüssel die Butter mit dem Eigelb verrühren und salzen. Kalt stellen. Auf Haushaltfolie ein Drittel der Blüten legen, die Butter darauf geben, mit angefeuchtetem Nudelholz 5 Millimeter dick ausrollen. Die übrigen Blüten aufstreuen. Zusammenrollen, in Alufolie wickeln und in den Kühlschrank geben. Vor dem Servieren mit dem Buntschneidemesser verzieren.

Kaviarbutter

• 250 g Butter • 1 EL fein gehackte Schalotten • 200 g Kaviar • Frisch gemahlener weißer Pfeffer

Die Butter in einer erwärmten Schüssel verrühren. Schalotten, Kaviar und Pfeffer untermischen. Die Mischung auf Haushaltfolie geben, zu einer Rolle formen, aufwickeln und kalt stellen. Die Oberfläche der Rolle vor dem Servieren mit dem Buntschneidemesser verzieren.

Sardellenbutter

• 1 Schalotte • 250 g Butter • 6 klein gehackte Sardellenfilets • ½ TL Sardellenpaste (Tube)

Die Schalotte schälen und fein schneiden. Die Butter in einer erwärmten Schüssel verrühren und mit den zerkleinerten Sardellenfilets, der zerkleinerten Schalotte und der Sardellenpaste verrühren. In eine Butterschale füllen. Kalt stellen. Vor dem Servieren mit dem Buntschneidemesser verzieren.

Butterroulade mit Paprika

• 250 g kalte Butter • 2 EL edelsüßer Paprika • Salz

Die Butter auf Haushaltfolie mit einem angefeuchteten Nudelholz 5 Millimeter dick ausrollen. Paprika und Salz aufstreuen. Zusammenrollen, in Alufolie wickeln und in den Kühlschrank geben. Vor dem Servieren in Scheiben schneiden. Die Oberfläche der Scheiben mit dem Buntschneidemesser verzieren.

Rotweinbutter

• 2 Schalotten • 100 ml Rotwein • Salz • Frisch gemahlener schwarzer Pfeffer • 250 g Butter

Die Schalotten schälen, fein hacken, mit dem Rotwein in einen Topf geben, kurz aufkochen lassen, pürieren und mit Salz und Pfeffer würzen. Auskühlen lassen. Die Butter in einer erwärmten Schüssel verrühren, die Rotweinmischung untermischen, auf Haushaltfolie geben, zu einer Rolle formen, aufwickeln und kalt stellen. Die Rolle in Scheiben schneiden, die Oberfläche der Scheiben mit dem Buntschneidemesser verzieren.

Butterroulade mit Meerrettich

• 250 g kalte Butter • 4 EL frischer, geriebener Meerrettich • Salz

Die Butter auf Haushaltfolie mit einem angefeuchteten Nudelholz 5 Millimeter dick ausrollen. Mit Meerrettich und Salz bestreuen. Zusammenrollen, in Alufolie wickeln und in den Kühlschrank geben. Vor dem Servieren in Scheiben schneiden. Die Scheiben mit dem Buntschneidemesser verzieren.

Dekorieren mit Radieschen, Rettich & Möhren

Radieschenrose

❶ Radieschen waschen, grünen Strunk und Wurzel abschneiden. Radieschen jeweils von oben nach unten viermal bis zur Mitte einschneiden und leicht auseinander drücken.

❷ Jedes der vier Teile von außen halbrund einkerben. Vorsichtig verfahren, damit die Teile nicht auseinander brechen.

❸ Radieschen einige Minuten in Eiswasser legen, so können sie aufblühen. Vor dem Servieren gut abtropfen lassen und mit einem Küchentuch vorsichtig trockentupfen.

Tipp Für die im letzten Stepp abgebildete Blüte schneiden Sie das Radieschen rundherum bis zur Mitte zickzackförmig ein. Dann werden die beiden Hälften vorsichtig auseinander gedreht.

Pumpernickeltürmchen

4 Portionen
Ganz einfach

- 10 Scheiben Pumpernickel
- Butter zum Bestreichen
- 125 g Schmelzkäse
- 125 g Kräuterkäse
- 150 g Salami
- 150 g Schinken
- Radieschenrosen

Aus Pumpernickel Scheiben von rund drei Zentimetern Durchmesser ausstechen. Sie können dafür einen Ausstecher verwenden oder ein Glas, dessen Rand Sie in das Brot drücken.

Salami und Schinken ebenfalls in Scheiben von drei Zentimetern Durchmesser schneiden.

Pumpernickelscheiben mit Butter, Schmelzkäse und Kräuterkäse bestreichen oder mit Schinken und Salami belegen. Überstehende Wurst- oder Käsestücke mit einem scharfen Messer abtrennen.

Belegte Pumpernickelstücke aufeinander setzen. Auf die Zusammenstellung achten. Kombinieren Sie würzigen Kräuterkäse nicht mit feinem Schinken, sondern wählen Sie Butter, um den Schinkengeschmack zu unterstreichen.

Radieschenrosen als Krönung auf die Türmchen setzen. Mit Zahnstochern können Sie die Rosen auf den Broten fixieren.

Radieschenmäuse

1 Radieschen mit langen Wurzeln waschen, Kraut kürzen und Radieschen an einer Seite flach schneiden.

2 Abgeschnittenes Stück halbieren und für die Ohren beiseite legen. Das Radieschen auf die flach geschnittene Seite, also auf den Bauch legen.

3 Für die Augen kleine Löcher ausschneiden und in diese Pfefferkörner oder Nelkenstiele stecken. Mit einem spitzen Messer den Mund einkerben.

4 Über den Augen Schlitze einschneiden und darin die Ohren befestigen.

Tipp Nur frische Radieschen verwenden. Ist eine Lagerung unvermeidbar, dann das Grün und die Wurzeln entfernen. Die Radieschen in ein feuchtes Tuch wickeln und im Kühlschrank aufbewahren (nicht länger als zwei Tage).

Canapés mit Käse

4 Portionen
Ganz einfach

• 8 Scheiben Toastbrot • Butter zum Bestreichen • 300 g Ziegenfrischkäse • 150 g Crème fraîche • ½ TL Schale einer unbehandelten Zitrone • 3 EL Zitronensaft • 2 EL Milch • 1 EL gehackter Thymian • 1 EL gehackte Petersilie • Oliven • Petersilie oder Radieschenmäuse

Aus den Toastbrotscheiben je zwei runde Canapés ausstechen, mit Butter bestreichen.

Ziegenkäse mit Crème fraîche, Zitronenschale, Zitronensaft und Milch vermischen, glatt rühren.

Thymian und Petersilie unter den Käse mengen.

Canapés mit dem Käse bestreichen und vier Scheiben aufeinander setzen.

Die Canapés mit Olivenhälften, Petersilie oder Radieschenmäusen garnieren.

Canapés mit Wachtelei

4 Portionen
Besonders fein

• 8 Scheiben Toastbrot • Butter zum Bestreichen • 100 g Roquefort • 4 EL Quark • 2 EL Crème fraîche • 10 Wachteleier • 2 EL Ketakaviar • 16 Radieschenmäuse • Dill

Aus jeder Toastbrotscheibe zwei runde Canapés ausstechen. Mit Butter bestreichen.

Roquefort, Quark und Crème fraîche vermischen, in einen Spritzbeutel mit Sterntülle füllen. Die Canapés damit bespritzen.

Wachteleier kochen, schälen, halbieren, mit Ketakaviar garnieren und auf einer Platte anrichten.

Radieschenmäuse und Dillzweige auf die Canapés setzen und zwischen den Wachteleiern anordnen.

Tipp Auch Cracker eignen sich zum Belegen. Bestreichen Sie die Scheiben mit Kräuterkäse und dekorieren Sie die Häppchen mit Radieschenrosen, -mäusen, Paprikaornamenten oder eingelegtem Ingwer.

Radieschenkäfer

1 Radieschen waschen, trockentupfen, Strunk und Wurzel entfernen. Radieschen auf einer Seite flach schneiden, damit es gut liegt.

2 Rücken des Käfers vorsichtig in Dreieckform einschneiden. Das Dreieck herauslösen.

3 Mit einem spitzen Messer in den restlichen Rücken kleine Vertiefungen schneiden.

4 Schnittlauch waschen und trocknen. Zwei Röhrchen als Fühler zwischen die Flügel klemmen.

Tipp Freilandradieschen gibt es von Frühjahr bis November. Sie sind kleiner und schärfer im Geschmack als Gewächshausradieschen. Weniger geschmacksintensive Gewächshausware ist das ganze Jahr über erhältlich.

Käsetorte

4 Portionen
Raffiniert
Braucht etwas Zeit

- 800 g ungesalzene Ricotta
- 1 Bund Schnittlauch
- 1 Bund Basilikum
- 1 Bund Petersilie
- 100 g geriebener Parmesan
- Salz
- Weißer Pfeffer
- Saft von ½ Zitrone
- ¼ l Milch
- 3 Eier
- 100 g Mehl
- 50 g Butter
- Basilikum
- Radieschenkäfer und -mäuse

Für die Füllung die Ricotta durch ein Sieb streichen.

Kräuter waschen, abtropfen lassen. Schnittlauch in Röllchen schneiden. Basilikum von den Stielen zupfen, fein hacken. Petersilie ebenfalls fein hacken.

Kräuter und Parmesan unter die Ricotta mischen. Mit Salz, Pfeffer und Zitronensaft abschmecken.

Für die Pfannkuchen Milch, Eier und eine Prise Salz verquirlen, nach und nach das Mehl einrühren. 20 Minuten quellen lassen.

In einer beschichteten Pfanne etwas Butter erhitzen. Acht Pfannkuchen backen.

Pfannkuchen mit der Käsemischung bestreichen und aufeinander legen.

Torte kalt stellen. Vor dem Servieren auf einem großen Teller anrichten und mit Basilikumblättern, Radieschenkäfern und -mäusen garnieren.

Rettichrose

1 Gleichmäßig gewachsenen Rettich waschen und schälen. In dünne Scheiben schneiden.

2 Erste Scheibe zu einer spitzen Tüte zusammenrollen.

3 Vier bis fünf weitere Scheiben als Blütenblätter um diesen Kern anordnen, dabei die Blätter so legen, dass sie etwas überlappen.

4 Fertige Blüten mit einigen Petersilienblättern garnieren.

Tipp Rettichrosen sind eine hübsche Dekoration für Wurstplatten. Gruppieren Sie mehrere Rosen zwischen verschiedene Wurst- und Schinkensorten und garnieren Sie die Blüten nach Belieben mit Dill- oder Petersiliensträußchen. Übrigens: Auch Wurstscheiben kann man zu Rosen aufrollen.

Marinierte Rettichblume

4 Portionen
Preiswert
Ganz einfach

- 1 großer Rettich
- 1 Schalotte
- 1 rote Chilischote
- 3 EL Öl
- 4 EL Weinessig
- 3 EL gehacktes Koriandergrün
- Korianderblätter

Rettich schälen und mit dem Hobel oder einem scharfen Küchenmesser in feine Scheiben schneiden.

Scheiben auf einem großen Teller fächerförmig rings um den Tellerrand und bis zur Tellermitte zu einer Blume anrichten.

Schalotte schälen und sehr fein hacken. Chilischote der Länge nach halbieren, entkernen und in kleine Würfel schneiden.

Schalotte und Chilischote mit Öl, Essig und gehacktem Koriandergrün vermischen und über die Rettichblume träufeln.

Mit Korianderblättchen verzieren.

Möhrenblüten

1 Mittelstarke, bissfest gekochte Möhren in knapp einen Zentimeter dicke Scheiben schneiden.

2 Mit kleinen Förmchen Blüten ausstechen. Nach Belieben können die Gemüseblüten mariniert werden.

Tipp Blüten lassen sich auch aus bissfest gegartem Kohlrabi, Sellerie und Roter Beete ausstechen.

Rote Locken

1 Zarte geputzte Möhren mit einem Schälmesser der Länge nach in hauchdünne Streifen schneiden. Die Streifen aufrollen und dicht nebeneinander in Eiswürfelbehältnisse legen.

2 Mit kaltem Wasser begießen und zwei Tage in den Kühlschrank stellen. Kurz vor dem Servieren herausnehmen und abtropfen lassen. Auf kalten Platten anrichten.

Möhrenterrine

4 Portionen
Raffiniert
Braucht etwas Zeit

- **10 Blatt weiße Gelatine**
- **2 kg Möhren**
- **1 l Geflügelbrühe**
- **Salz**
- **2 EL gehackte Petersilie**
- **2 EL Butter**
- **1 Brokkoli**
- **Frisch gemahlener weißer Pfeffer**
- **Muskat**
- **4 EL Zitronensaft**
- **300 ml Schlagsahne**
- **Öl für die Kastenform**
- **Mandelblättchen**
- **Möhren für die Garnitur**

Für die Sauce:

- **400 g Crème fraîche**
- **½ TL scharfer Senf**
- **1 Eigelb**
- **4 EL Zitronensaft**
- **2 EL Fleischbrühe**
- **Salz**
- **Frisch gemahlener weißer Pfeffer**
- **1 EL gehackte Kräuter**

❁ Gelatine in etwas kaltem Wasser einweichen.

❁ Möhren putzen und schälen. Die Hälfte der Möhren grob zerkleinern und in der Brühe weich kochen. Durch ein Sieb streichen, wieder in den Topf geben, die restlichen Möhren im Ganzen darin bissfest kochen. Möhren aus dem Sud nehmen, den Sud beiseite stellen.

❁ Einen Esslöffel Butter zerlassen, die Möhren darin schwenken. Herausnehmen, mit Petersilie bestreuen.

❁ Brokkoli waschen, in Röschen zerlegen und in Salzwasser bissfest kochen.

❁ Restliche Butter schmelzen, den Möhrensud und die ausgedrückte Gelatine einrühren. Mit Salz, Pfeffer, Muskat und Zitronensaft abschmecken. Kalt stellen, bis die Masse zu gelieren beginnt.

❁ Schlagsahne steif schlagen. Die Möhrenmasse durchrühren, die Sahne unterheben. Ein Drittel der Möhrenmasse in eine geölte Kastenform füllen, die Hälfte der ganzen Möhren und einige Brokkoliröschen einschichten, ein weiteres Drittel der Möhrenmasse darauf geben, die übrigen Möhren und Brokkoliröschen einschichten und die restliche Möhrenmasse darüber streichen. Im Kühlschrank fest werden lassen.

❁ Terrine aus der Form nehmen. Mit gerösteten Mandelblättchen, den Möhrenblüten und roten Locken garnieren.

❁ Créme fraîche mit Senf verrühren. Eigelb, Zitronensaft und zimmerwarme Brühe unter Rühren zugeben. Mit Salz, Pfeffer und Kräutern würzen.

Tipp Sie können die Terrine bereits vor dem Servieren in Scheiben schneiden und die Stücke übereinander lappend auf einer Platte anordnen. Als rahmende Seitenstreifen legen Sie eine Reihe Möhrenblüten auf.

Gemüse-Spaghetti

4 Portionen
Ganz einfach

• 1 Schalotte • 1 Knoblauchzehe • 3 EL Öl • ⅛ l Gemüsebrühe • ⅛ l Schlagsahne • Salz • Weißer Pfeffer • 1 Prise Zucker • ½ TL abgeriebene Zitronenschale • 1 Bund Basilikum • 4 große Möhren • 2 Zucchini (etwa 300 g) • 80 g Butter • 4 EL geriebener Parmesan • Möhrenblüten

Schalotte und Knoblauchzehe schälen und fein schneiden.

Schalotte in Öl zwei Minuten dünsten. Knoblauch, Brühe und Sahne zugeben. Eine Minute kochen, vom Herd nehmen. Mit Salz, Zucker und Zitronenschale würzen. Warm stellen. Einige Basilikumblättchen für die Garnierung beiseite legen, den Rest fein hacken und in die Sauce rühren.

Möhren schälen und waschen. Zucchini waschen und putzen. Möhren und Zucchini der Länge nach in Scheiben und dann in dünne Streifen schneiden.

In einem Topf Wasser zum Kochen bringen. Mit Salz, Zucker und Pfeffer würzen, die Gemüsespaghetti dazugeben und garen, bis sie bissfest sind (etwa drei Minuten). Abgießen. Butter zerlassen und über die Spaghetti geben.

Sauce auf Tellern verteilen, die Spaghetti darauf anrichten, mit Käse bestreuen und mit Basilikumblättchen und Möhrenblüten garnieren.

Rote-Beete-Salat

4 Portionen
Raffiniert
Ganz einfach

• 200 g kleine Rote Beete • Salz • 2 EL Weinessig • 2 EL Himbeeressig • 6 EL Olivenöl • 1 Apfel • Saft von ½ Zitrone • 1 Eichblattsalat • 150 g gekochter Schinken • Blüten aus Roten Beeten und Möhren

Rote Beeten in Salzwasser 30 Minuten kochen. Schälen und in Stifte schneiden.

Essig und Öl mischen, salzen, die Hälfte über die Stifte geben, den Rest auf einen Teller füllen.

Apfel schälen, würfeln und mit Zitronensaft marinieren.

Salat putzen, in mundgerechte Blätter zupfen, durch die Salatsauce ziehen und auf Salattellern anrichten.

Apfel, Rote Beeten und in Würfel geschnittenen Schinken auf den Salat geben. Mit Rote-Beeten- und Möhrenblüten umlegen.

Möhrensuppe

4 Portionen
Ganz einfach

- **1 kleine Zwiebel** • **500 g Möhren**
- **1 Petersilienwurzel** • **1 EL Butter**
- **1 EL Reis** • **1 EL Tomatenmark**
- **1 l Fleischbrühe** • **Salz**
- **Frisch gemahlener weißer Pfeffer**
- **½ TL gemahlener Ingwer**
- **1 Prise Zucker** • **⅛ l Schlagsahne**
- **Möhrenblüten**

Zwiebel schälen und fein hacken. Möhren und Petersilienwurzel putzen, waschen und in Scheiben schneiden.

In einem Topf die Butter zerlassen, die Zwiebel dazugeben und glasig werden lassen. Möhren und Petersilienwurzel unterrühren und fünf Minuten dünsten.

Reis zugeben, andünsten, Tomatenmark einrühren und die Brühe zugießen. Mit Salz und Pfeffer würzen. 20 Minuten köcheln lassen.

Suppe pürieren. Mit Salz, Pfeffer, Ingwer und Zucker abschmecken.

Suppe auf vorgewärmte Teller füllen, in die Mitte etwas Schlagsahne geben. Sahne mit einem Stäbchen sternförmig verziehen.

Bissfest gekochte Möhrenblüten als Garnitur auf die Suppe legen.

Gebündelte Möhren

1 Möhren putzen und schälen. Mit einem scharfen Messer der Länge nach in schmale Streifen schneiden.

2 Möhrenstreifen in fingerlange Stücke zerteilen. Zündholzdünne Stifte zuschneiden.

3 Möhrenstifte eine Minute lang in kochendem Salzwasser blanchieren, in Eiswasser abschrecken und gut abtropfen lassen.

4 Mit Schnittlauchhalmen oder blanchiertem, in Streifen geschnittenem Lauch oder dünnen Paprikastreifen zusammenbinden.

Tipp Gebündelte Möhren eignen sich als kalte oder heiße Garnitur. Sollen sie heiß auf den Tisch kommen, werden sie mit etwas flüssiger Butter und einer Prise Salz verfeinert.

Kalbskoteletts

4 Portionen
Ganz einfach

• 750 g Möhren für die Herstellung gebündelter Möhren • 4 Kalbskoteletts (á 200 g) • Salz • Frisch gemahlener weißer Pfeffer • 2 EL Mehl • 100 g Butterschmalz • 150 g Butter

❀ Gebündelte Möhren nach Anweisung zubereiten.
❀ Kalbskoteletts waschen und trockentupfen. Jeweils einen Teil des Knochens mit einem Messer freischaben.
❀ Fleisch leicht flach klopfen, mit Salz und Pfeffer einreiben und im Mehl wenden.
❀ In einer Pfanne das Butterschmalz erhitzen, die Koteletts hineingeben, kurz anbraten und wenden. Bei kleiner Hitze 15 Minuten braten, dabei hin und wieder wenden.
❀ Koteletts aus der Pfanne nehmen und auf einem Abtropfgitter fünf Minuten ruhen lassen.
❀ In einer Pfanne 50 Gramm Butter erhitzen, die Koteletts kurz in der Butter braten. Herausnehmen und zusammen mit den gebündelten Möhren servieren.

Tafelspitz

4 Portionen
Gelingt leicht

• 750 g Möhren für die Herstellung gebündelter Möhren • 1 Bund Suppengrün • Salz • ¼ TL schwarze Pfefferkörner • 4 Wacholderbeeren • 1 Lorbeerblatt • 700 g Tafelspitz • Frisch geriebener Meerrettich

❀ Gebündelte Möhren zubereiten.
❀ Suppengrün putzen und zerkleinern.
❀ 1,5 Liter Salzwasser in einem Topf aufsetzen, Suppengrün, Wacholderbeeren und Lorbeerblatt zugeben.
❀ Wenn das Wasser kocht, das Fleisch in den Topf geben und bei niedriger Hitze etwa 2 Stunden ziehen lassen. Garprobe machen!
❀ Topf vom Herd nehmen und Fleisch noch einige Minuten ruhen lassen.
❀ Tafelspitz aus der Brühe heben und in Scheiben schneiden. Zusammen mit gebündelten Möhren und Meerrettich servieren.

Dekorieren mit Kartoffeln, Kohlrabi & Sellerie

Kartoffelblüten

1 Ein Kilogramm mehlig kochende Kartoffeln schälen, in Stücke schneiden und in Salzwasser weich kochen.

2 Kartoffeln stampfen, einen Viertelliter Milch, zwei Esslöffel Sahne, einen Esslöffel Butter, Salz und etwas Muskat zufügen und mit dem Schneebesen aufschlagen.

3 Kartoffelbrei in einen Spritzbeutel mit Sterntülle füllen und auf ein gebuttertes Backblech spritzen. Im vorgeheizten Backofen bei 200 Grad einige Minuten goldgelb backen.

4 Fertige Kartoffelblumen auf einer Platte oder Tellern anordnen. Mit Petersilie garnieren.

Tipp Kartoffelbrei lässt sich mit Tomatenmark oder etwas Paprika hervorragend rot färben.

Rehnüsschen

4 Portionen
Raffiniert

- 500 g Rehkeule ohne Knochen
- Salz
- Frisch gemahlener weißer Pfeffer
- 1 EL Mehl
- 50 g Butterschmalz
- 100 ml Rotwein
- ⅛ l Brühe
- 10 zerdrückte Pfefferkörner
- 125 g Crème fraîche
- 1 EL kalte Butter
- Kartoffelblüten aus 600 g Kartoffeln

❀ Fleisch in acht Scheiben schneiden, mit Salz und Pfeffer einreiben und in Mehl wenden.

❀ Butterschmalz erhitzen, die Nüsschen hineingeben und auf beiden Seiten sieben Minuten braten, dabei mehrmals wenden.

❀ Mit Rotwein ablöschen, die Nüsschen herausnehmen und warm stellen.

❀ Brühe zum Rotwein geben, Pfefferkörner und Crème fraîche zufügen. Sauce etwas einkochen.

❀ Zuletzt die kalte Butter mit dem Schneebesen einrühren.

❀ Die Nüsschen in Blütenform auf einem flachen Teller oder einer Platte anrichten. Mit frisch zubereiteten Kartoffelblüten garnieren.

Kartoffelkörbchen

1 Etwa 500 Gramm mehlig kochende Kartoffeln schälen und in feine Streifen schneiden. Leicht salzen und Wasser ziehen lassen. Mit einem Küchentuch abtrocknen.

2 Öl in einem Topf erhitzen. Spezialsieb mit Doppelgriff oder ein größeres und ein kleines Sieb bereitlegen. Das größere Sieb mit Öl ausstreichen und ein Viertel der Kartoffelstreifen einfüllen. Das kleine Sieb fest in das größere pressen, sodass die Kartoffeln fixiert sind.

3 Mit Kartoffeln gefülltes Sieb ins heiße Öl geben und so lange frittieren, bis die Streifen goldbraun sind. Sieb aus dem Öl nehmen und auf Küchenkrepp abtropfen lassen.

4 Siebe trennen. Das Kartoffelkörbchen vorsichtig herausheben und bis zum Gebrauch warm stellen.

Kalbsröllchen mit Gemüse

4 Portionen
Raffiniert
Braucht etwas Zeit

Für die Kalbsröllchen: • 4 dünne Kalbsschnitzel • Salz • Frisch gemahlener weißer Pfeffer • 125 g Schweinehackfleisch • 60 g eingelegte Morcheln • 3 EL Madeira • 30 g Butter • 1 EL Zwiebelwürfel • 2 TL Mehl • 100 ml Weißwein • 3 Stängel Petersilie • ½ Lorbeerblatt • 100 ml Fleischbrühe
Für die Gemüsekörbchen: • 2 Möhren • ½ kleiner Blumenkohl • 2 junge Kohlrabi • 30 g Butter • Kartoffelkörbchen aus 500 g mehlig kochenden Kartoffeln

Kalbsschnitzel auf beiden Seiten mit Salz und Pfeffer würzen.

Hackfleisch in eine Schüssel geben. Morcheln fein schneiden und mit dem Madeira unter das Fleisch mischen.

Schnitzel mit der Hackfleischmischung bestreichen, aufrollen und mit Küchengarn zusammenbinden.

In einem Topf die Butter zerlassen, die Röllchen hineinlegen und ringsum anbraten. Zwiebelwürfel zugeben, kurz andünsten. Mehl aufstreuen, mit Weißwein ablöschen. Gewaschene Petersilie und Lorbeerblatt zugeben.

Zugedeckt zehn Minuten garen, mit Brühe übergießen und weitere 25 Minuten garen.

Inzwischen Möhren und Blumenkohl putzen. Möhren in Scheiben schneiden, Blumenkohl in Röschen teilen. Getrennt in Salzwasser bissfest kochen.

Kohlrabi schälen, in Salzwasser bissfest kochen. Mit einem Kugelausstecher Kugeln aus den Kohlrabis stechen.

Gemüse in zerlassener Butter schwenken und in den vorbereiteten Kartoffelkörbchen anrichten.

Fleisch herausnehmen, Garn entfernen. Sauce durch ein Sieb passieren.

Röllchen auf vorgewärmten Tellern verteilen, jeweils ein gefülltes Kartoffelkörbchen danebenstellen. Das Fleisch mit einem Saucenspiegel versehen.

Blumen aus Kartoffelkugeln

1 Rund 750 Gramm Kartoffeln schälen, in Stücke schneiden, kochen und zerstampfen. Zwei Eigelb, eine Messerspitze geriebene Muskatnuss und etwas Salz untermischen.

2 Auf bemehlter Fläche kleine Kugeln formen und diese zuerst in verquirltem Ei, dann in gehobelten Mandeln wenden.

3 Kugeln in Pflanzenöl goldgelb frittieren und auf Küchenkrepp abtropfen lassen.

4 Je fünf Kugeln auf einem Teller zu einer Blüte legen, in die Mitte eine weitere Kugel oder etwas Preiselbeerkompott setzen. Petersilie oder Sellerie als Stängel an die Blüten legen.

Tipp Die Blumen sind eine schmackhafte Dekoration für Braten- oder Gulaschgerichte.

Bierfleisch

4 Portionen
Ganz einfach

- 2 Zwiebeln • 2 EL Öl • 1 kg Schweinefleisch (Schulterstück) • Salz • Frisch gemahlener schwarzer Pfeffer • 1 TL Kümmel • ¼ l Fleischbrühe • ¼ l Bier (Pilsner)
- 2 Äpfel • 80 g Butterschmalz • 1 EL Mehl
- 2 EL gehackte Petersilie
- Kartoffelkugeln aus 750 g Kartoffeln
- Preiselbeerkompott • Petersilienstängel

Zwiebeln schälen und fein hacken.
Öl in einer Pfanne erhitzen, die Zwiebeln hineingeben und dünsten.
Fleisch waschen, trockentupfen und in Würfel schneiden.
Zusammen mit Salz, Pfeffer und Kümmel zu den Zwiebeln geben. Fleischbrühe und Bier angießen. Alles 90 Minuten köcheln lassen.
Aus den Äpfeln das Kerngehäuse herausstechen, die Äpfel schälen, in Ringe schneiden und in Butterschmalz zwei Minuten braten. Warm stellen.
Kartoffelkugeln herstellen. Je fünf Kugeln zu einer Blüte legen, mit Preiselbeerkompott und Petersilie garnieren.
Bierfleisch dazulegen und mit den Apfelringen garnieren.

Rindergulasch

4 Portionen
Braucht etwas Zeit

- 750 g Ochsenfleisch • 2 Zwiebeln • 50 g Butterschmalz • 1 EL Paprikapulver • ½ l kochende Brühe • Salz • 3 Tomaten
- 1 Paprikaschote • Thymian
- 1 EL Mehl • Kartoffelkugeln aus 750 g Kartoffeln • Petersilienstängel

Fleisch waschen und würfeln.
Zwiebeln schälen und grob hacken.
Fleisch portionsweise in Butterschmalz scharf anbraten. Wenn der Saft eingesogen ist, die Zwiebeln zugeben und bei geringerer Hitze glasig dünsten.
Mit Paprikapulver bestäuben. Etwas kochende Brühe angießen, salzen.
Gehäutete und geviertelte Tomaten zufügen. In Streifen geschnittenen Paprika unterrühren. Mit Thymian würzen.
Fleisch bei mäßiger Hitze etwa 90 Minuten schmoren. Nach Bedarf Brühe zufügen.
Mehl darüber stäuben und einrühren.
Vorbereitete Kartoffelkugeln auf Tellern anrichten, mit Petersilienstängeln garnieren. Gulasch dazugeben.

Gemüsekugeln

1 Für diesen Dekorationsvorschlag benötigen Sie junge Kohlrabi. Kohlrabi putzen und schälen.

2 Mit dem Kugelausstecher kleine Kugeln aus dem Kohlrabi lösen.

Tipp Die dekorativen Gemüsehäppchen bieten sich als Ergänzung für Salate und Gemüsegerichte an. Sie sind aber auch ein gesunder Snack.

Kohlrabiblüte

1 Jungen Kohlrabi schälen, den Boden flach schneiden.

2 Mit dem Apfelausstecher oder der Spitze des Kartoffelschälers Blütenblätter in den Kohlrabi stechen.

Tipp Für die Herstellung dieser attraktiven Knollenblüte eignen sich neben Kohlrabi auch Sellerie und Rote Beete.

Kohlrabinäpfchen

4 Portionen
Preiswert
Ganz einfach

- **8 junge Kohlrabi** • **Saft von 1 Zitrone**
- **300 g Gemüse für Gemüsekugeln (Möhren, Zucchini)**
- **Je 8 Blumenkohl- und Brokkoliröschen**
- **150 g Jogurt** • **Salz**
- **Frisch gemahlener weißer Pfeffer**
- **1 Eiweiß**
- **1 Prise Zimt** • **Petersiliensträußchen**

Kohlrabi schälen, einen Deckel abschneiden. Knollen aushöhlen. Dafür bereits den Kugelausstecher verwenden. Näpfchen und Kugeln in Salzwasser mit Zitronensaft bissfest garen. Herausnehmen und auskühlen lassen.

Gemüse putzen und Kugeln ausstechen, in Salzwasser bissfest kochen.

Blumenkohl- und Brokkoliröschen ebenfalls bissfest kochen.

Gemüsekugeln, Blumenkohl und Brokkoli in die ausgehöhlten Kohlrabi füllen.

Jogurt, Salz, Pfeffer, Eiweiß und ein paar Tropfen lauwarmes Wasser in einen Topf geben, im Wasserbad schaumig schlagen. Den Zimt zufügen.

Creme gleichmäßig auf den Kohlrabinäpfchen verteilen. Mit Petersiliensträußchen garnieren.

Sellerielocken

1 Selleriestangen waschen und in fingerlange Stücke schneiden.

2 Zurechtgeschnittene Stücke der Länge nach halbieren.

3 Halbierte Stücke der Länge nach mehrmals einschneiden, jedoch nicht durchtrennen.

4 Selleriestücke über Nacht in Eiswasser legen, damit sich die Streifen zu Locken aufdrehen. Herausnehmen, abtropfen lassen.

Tipp Sellerielocken sind nicht nur eine schöne Zierde, mit einem Quarkdip gereicht schmecken sie auch als Vorspeise oder gesunder Snack. Für den Dip verrühren Sie Quark mit etwas Milch und mengen fein geschnittene Kräuter unter die Masse. Mit Salz und Pfeffer abschmecken.

Sellerie mit Roquefortcreme

4 Portionen
Fein
Ganz einfach

- 1 kleine Sellerieknolle
- Salz
- Saft von ½ Zitrone
- 200 g Roquefortkäse
- 2 EL Schnittlauchröllchen
- 6 EL Schlagsahne
- 4 EL Weißwein
- 1 EL Sherry
- Sellerielocken

Sellerieknolle putzen, in Salzwasser bissfest kochen. Knolle aus dem Wasser nehmen, abkühlen lassen.

Sellerie in feine Streifen schneiden und in eine Schüssel geben. Sofort mit Zitronensaft beträufeln.

Roquefortkäse mit einer Gabel zerdrücken. Schnittlauchröllchen, Sahne, Weißwein und Sherry untermengen.

Käsecreme mit den Selleriestreifen vermischen.

Roquefortcreme auf Glastellern anrichten, mit Sellerielocken garnieren.

Tipp Sellerie – egal ob Knolle oder Stange – regt die Verdauung an und fördert den Stoffwechsel, ist also ideal bei Verdauungsbeschwerden.

Selleriesalat

4 Portionen
Preiswert
Ganz einfach

- 1 mittelgroße Sellerieknolle (400 g)
- Salz
- Saft von 1 Zitrone
- 400 g Jogurt
- 1 TL scharfer Senf
- 2 EL Öl
- 1 EL Zitronensaft
- 1 EL Fleischbrühe
- Salz
- Frisch gemahlener weißer Pfeffer

Sellerie schälen und in Salzwasser bissfest garen.

Sellerie aus dem Wasser nehmen und auskühlen lassen. Knolle in feine Scheiben und diese in dünne Streifen schneiden. Sofort mit Zitronensaft marinieren.

Für die Salatsauce Jogurt und Senf verrühren, danach Öl, Zitronensaft und Brühe untermischen. Mit Salz und Pfeffer abschmecken.

Sauce vorsichtig unter die Selleriestreifen ziehen.

Salat in einer Schüssel anrichten und kurz vor dem Servieren mit Sellerielocken garnieren.

Tipp Selleriesalat kann man nach Belieben mit geraspelten Äpfeln, Möhren, Nüssen, Ananaswürfeln und Orangenfilets verfeinern.

Dekorieren mit Tomaten, Paprika & Avocados

Fliegenpilz

1 Tomaten waschen und trocknen. Den Strunk abschneiden, so dass die Tomaten gut stehen. Deckel abschneiden und beiseite legen.

2 Tomate mit dem Kugelausstecher oder einem Löffel aushöhlen, mit Fleischsalat oder Reissalat (➔ Seite 45) füllen. Mit Basilikumblättchen dekorieren.

3 Deckel aufsetzen. Majonäse oder Quark in einen Spritzbeutel mit Lochtülle füllen und Tupfen auf den Tomatendeckel spritzen.

Tipp Achten Sie beim Kauf von Tomaten auf eine unverletzte, glatte Schale. Die Früchte sollten nicht zu weich sein und keine Faulstellen aufweisen. Schneiden Sie bei der Zubereitung den grünen Stielansatz aus der Frucht, denn er enthält den gesundheitsschädlichen Stoff Solanin.

Reissalat

4 Portionen
Ganz einfach

- 150 g gekochter Schinken
- 200 g gekochter Reis
- 2 Champignons
- 1 EL Maiskörner
- 2 EL Weinessig
- 2 EL Öl
- Salz
- Pfeffer
- 1 EL gehackte Kräuter

Gekochten Schinken in Würfel schneiden und unter den gekochten Reis mengen.

Champignons mit einem Küchentuch sauberreiben und klein schneiden.

Champignons zum Reis geben, Maiskörner unterheben.

Weinessig und Öl zugeben, mit Salz und Pfeffer würzen. Zuletzt die gehackten Kräuter untermischen.

Fleischsalat

4 Portionen
Raffiniert
Ganz einfach

- 300 g garer Kalbsbraten
- 250 g gekochter Schinken
- 150 g Cervelatwurst
- 4 Gewürzgurken
- 1 Apfel
- 100 g Champignons
- 30 g Ingwer
- 200 g Majonäse
- Salz
- Frisch gemahlener weißer Pfeffer
- 1 Prise Zucker
- 1 TL Paprikapulver edelsüß
- 1 TL Currypulver
- Saft von ½ Zitrone
- Ananaswürfel
- Walnüsse und Petersiliensträußchen

Kalbsbraten, Schinken, Cervelatwurst und Gewürzgurken feinstreifig schneiden.

Apfel waschen und ungeschält ebenfalls in Streifen schneiden, dabei das Kernhaus entfernen.

Champignons fein schneiden.

Ingwer schälen und sehr fein schneiden.

Vorbereitete Zutaten in eine Schüssel füllen und gut mischen.

Majonäse mit Salz, Pfeffer, Zucker, Paprikapulver, Currypulver und Zitronensaft vermischen und unterheben.

Zugedeckt 30 Minuten kühl stellen und ziehen lassen.

Fleischsalat in einer Glasschüssel anrichten und mit Ananaswürfeln, Walnüssen und Petersiliensträußchen garnieren.

Tipp Fleischsalat ist eine ideale Möglichkeit zur Resteverwertung. Fleischreste sollten jedoch baldmöglichst verwendet und nicht zu lange im Kühlschrank aufbewahrt werden. Mit Majonäse zubereiteten Fleischsalat innerhalb eines Tages verbrauchen.

Schmetterlinge aus Tomaten

1 Tomate und Erdbeeren waschen, trocknen und Stiele entfernen. Möhren putzen und schälen. Gemüse und Früchte in dünne Scheiben schneiden.

2 Tomatenscheiben halbieren. Für Möhren- und Erdbeerschmetterlinge jeweils vier Scheiben einplanen, für einen Tomatenfalter reicht eine Scheibe.

3 Um die Hälfte der Scheibe die Schale beziehungsweise bei den Möhren einen dünnen Streifen der Wurzel ablösen, nicht abtrennen. Scheiben zu Schmetterlingen anordnen und Fühler zurechtrücken.

Tipp Auf die gleiche Weise kann man Schmetterlinge aus Champignons, Gurken, Rettichen, Zitronen, Äpfeln, Orangen, Kumquats, Kiwis oder Sharonfrüchten herstellen.

Partypastetchen

4 Portionen
Besonders fein
Braucht etwas Zeit

Für den Teig: • 500 g tiefgekühlter Blätterteig • Mehl zum Ausrollen • 2 Eigelb
Für die Füllung: • 400 g Geflügelfleisch • 100 g Geflügelleber • 150 g Räucherspeck • 1 Zwiebel • 2 Knoblauchzehen • 1 Ei • Salz • Frisch gemahlener schwarzer Pfeffer • 4 EL Champignonscheiben • 1 EL gehackte Petersilie • Tomatenschmetterlinge

Blätterteig nach Packungsvorschrift auftauen und auf bemehlter Fläche drei Millimeter dick ausrollen. Dreiecke, Vierecke oder Kreise ausschneiden.
Eigelbe mit einem Esslöffel Wasser verquirlen und den Rand der Teigböden damit bestreichen.

Geflügelfleisch, Geflügelleber und Räucherspeck durch den Fleischwolf drehen, in eine Schüssel füllen.
Zwiebel und Knoblauchzehen schälen, fein hacken und mit dem Ei, Salz, Pfeffer, den Champignonscheiben und der Petersilie zum Fleisch geben. Alles zu einem geschmeidigen Teig verkneten.

Jeweils einen Esslöffel der Fleischfüllung in die Mitte eines Teigstückes setzen. Mit einem ebenso großen Teigstück belegen. Ränder fest zusammendrücken und mit einer Gabel ringsum Muster eindrücken.
Pastetchen mit Teigstreifen und Teigrosetten verzieren.
Backblech mit Wasser befeuchten, die Pastetchen darauf setzen und mit einem Holzstäbchen mehrmals einstechen. Mit dem restlichen Eigelb bestreichen. Im vorgeheizten Backofen bei ca. 200 Grad etwa 25 Minuten backen.
Pasteten aus dem Ofen nehmen und auf einer Platte anrichten. Mit Tomatenschmetterlingen verzieren.

Tipp Gebäck zu Bier und Wein stellen Sie im Handumdrehen selbst her. Dafür tiefgefrorenen Blätterteig nach Anweisung auftauen und auf bemehlter Fläche drei Millimeter dick ausrollen. Streifen von etwa zwei Zentimetern Länge zurechtschneiden und in sich verdrehen. Mit Eigelb bestreichen, nach Wunsch mit Sesam, Kümmel oder Käse bestreuen. Etwa zehn Minuten backen.

Tomatenrose

1 Einen 15 Millimeter breiten Streifen aus der Tomatenhaut schneiden. Dafür an der dem Stielende gegenüberliegenden Seite beginnen und möglichst ohne abzusetzen kreisförmig um die Tomate herum schneiden, bis die gesamte Haut entfernt ist und sich spiralförmig aufrollt.

2 Streifen mit der Haut nach unten auf ein Brett legen und vom Ende her aufrollen. Das Ende des Streifens bildet die Rosenmitte.

3 Mit Hilfe eines Zahnstochers die unteren Blütenblätter etwas öffnen und so die Rose in perfekte Form bringen.

Tipp Eine hübsche Garnierung erhalten Sie auch, wenn Sie hart gekochte Eier und Tomaten sechsteln und zu einer Blüte legen. In die Mitte eine Tomatenrose setzen.

Gefüllte Avocados

4 Portionen
Raffiniert
Ganz einfach

- 2 reife Avocados
- Salz • Weißer Pfeffer
- Saft von ½ Zitrone • 1 Prise Zucker
- 2 EL gehacktes Basilikum
- 400 g Mascarpone • 50 g geriebener Parmesan • ⅛ l Schlagsahne • Tomatenrosen

❀ Avocados halbieren und den Kern aus der Frucht lösen.
❀ Fruchtfleisch aus der Schale heben und pürieren. Salz, Pfeffer, Zitronensaft und Zucker unterrühren.
❀ Basilikum, Mascarpone, Parmesan und steif geschlagene Sahne zufügen.
❀ Masse in einen Spritzbeutel mit Sterntülle füllen.
❀ Avocadocreme in die Avocadoschalen spritzen.
❀ Die vier gefüllten Avocadohälften auf einem Teller zu einer vierblättrigen Blume anrichten.
❀ Die Avocados nach Belieben mit den Tomatenrosen garnieren.

Tipp Probieren Sie auch einmal eine Füllung aus Crème fraîche und Kaviar, oder genießen Sie die gesunden Früchte mit einem Salat aus Tomaten, Krabben, Basilikum und Crème fraîche.

Krabbenomelett

4 Portionen
Raffiniert

- 1 Zwiebel • 125 g Champignons • 1 Tomate
- 30 g Butter • 400 g Krabben • 3 EL Obstgeist
- 4 Eier • Salz • Butter zum Braten
- 4 Tomatenrosen und 4 Petersiliensträußchen

❀ Für die Füllung die Zwiebel schälen und fein schneiden.
❀ Champignons abreiben und in feine Scheiben schneiden.
❀ Tomate waschen und würfeln.
❀ In einer Pfanne die Butter erhitzen, die Zwiebel darin glasig dünsten.
❀ Champignons, Tomate und Krabben zu den Zwiebeln geben.
❀ Gemüse-Krabben-Masse mit Obstgeist ablöschen. Warm stellen.
❀ Eier mit etwas Salz verquirlen.
❀ In einer Pfanne die Butter erhitzen und aus der Eiermasse Omeletts backen. Auf vorgewärmte Teller geben.
❀ Omeletts mit der Krabbenmasse füllen. Tomatenrosen und Petersiliensträußchen danebensetzen.

Tomatenkörbchen

1

1 Von gewaschenen und getrockneten Tomaten so viel wegschneiden, dass ein Henkel stehen bleibt.

2 Mit einem Kugelausstecher Fruchtfleisch aus dem Körbchen und dem Henkel lösen.

3 Tomatenkörbchen mit Eiersalat füllen und mit Brunnenkresse oder Petersiliensträußchen garnieren.

2

3

Tipp Für den Eiersalat 100 Gramm durchwachsenen Speck würfeln, in einer Pfanne kross braten. 250 Gramm Jogurt mit einem Esslöffel mittelscharfen Senf und zwei Esslöffeln Zitronensaft mischen. Einen halben Teelöffel Zucker, Salz und frisch gemahlenen weißen Pfeffer unterrühren. Zehn hart gekochte Eier würfeln und unter die Masse heben. Den Speck über den Salat verteilen.

Krokettenblüte

4 Portionen
Raffinert
Braucht etwas Zeit

- **125 g Langkornreis** • **Salz** • **150 g gares Kaninchenfleisch** • **50 g durchwachsener Speck** • **100 g geräucherte Entenbrust** • **2 Eier**
- **1 TL Stärkemehl** • **Frisch gemahlener schwarzer Pfeffer** • **100 g Semmelbrösel** • **Butterschmalz** • **1 Friséesalat** • **1 Tomatenrose**

❀ Reis waschen, mit Salz und einem halben Liter Wasser in einen Topf geben. Aufkochen lassen und anschließend 20 Minuten bei geringer Hitze garen.
❀ Reis in eine Schüssel füllen.
❀ Kaninchenfleisch und Speck in kleine Würfel schneiden.
❀ Geräucherte Entenbrust häuten und ebenfalls in kleine Würfel schneiden.
❀ Kaninchenfleisch, Speck und Entenbrust mit Eiern, Stärkemehl, Salz und Pfeffer in den Reis geben. Gut mischen.
❀ Aus dem Teig Röllchen formen und in Semmelbröseln wenden.
❀ In einer Pfanne reichlich Butterschmalz erhitzen, die Röllchen darin ringsum knusprig braten.
❀ Rand eines flachen Tellers mit geputztem Friséesalat belegen. In der Mitte des Tellers die Röllchen zu einer Blüte anordnen.
❀ In das Blütenzentrum noch etwas Friséesalat setzen und mit einer Tomatenrose garnieren.

Paprikaornamente

1 Paprika waschen und zehn Minuten in den auf 250 Grad vorgeheizten Backofen legen. Herausnehmen, mit einem feuchten Tuch bedecken und etwas auskühlen lassen. Nun lässt sich die Haut leicht abziehen.

2 Enthäutete Paprika in Streifen schneiden und mit kleinen Ausstechformen Blüten, Kreise, Herzen oder Blätter herstellen.

Peperoniblüten

1 Wählen Sie für diese Dekoration Peperoni mit schönem Stiel. Spitzes Endstück der Peperoni abschneiden und mit einem schmalen Messer Kerngehäuse und Kerne entfernen.

2 Mit einer Schere die Peperoni mehrmals bis kurz vor den Stiel einschneiden, sodass schmale Blütenblätter entstehen. Die Blüten zum »Aufblühen« in Eiswasser legen.

Fleischbällchen mit Blattsalat

4 Portionen
Raffiniert
Braucht etwas Zeit

Für die Fleischbällchen: • 1 Brötchen vom Vortag • 500 g gemischtes Hackfleisch • 100 g Räucherspeck • 1 Ei • Salz • Frisch gemahlener schwarzer Pfeffer • 2 Scheiben Dosenananas • 5 Walnüsse • 4 zerdrückte Wacholderbeeren • 60 g Semmelbrösel • Butterschmalz zum Ausbacken

Für den Blattsalat: • 1 Kopfsalat • ½ rote, ½ gelbe und ½ grüne Paprika • 2 Tomaten • ½ Schalotte • 1 EL Weinessig • ½ EL Senf • 1 EL Sonnenblumenöl • Salz • Frisch gemahlener weißer Pfeffer • 4 Walnüsse • Paprikaornamente zum Garnieren

Brötchen in Wasser einweichen.

Hackfleisch in eine Schüssel geben. Speck würfeln und zum Fleisch geben.

Wasser aus den Brötchen drücken, zusammen mit Eiern, Salz und Pfeffer unter das Fleisch mengen.

Ananasscheiben in kleine Würfel schneiden, die Walnüsse schälen und zerkleinern. Ananasstücke, Walnüsse und die zerdrückten Wacholderbeeren in die Fleischmasse einarbeiten.

Aus der Fleischmasse kleine Bällchen formen und in Semmelbröseln wälzen.

In einer Pfanne Butterschmalz erhitzen, die Fleischbällchen hineingeben und rundum knusprig braten.

Salat putzen, waschen, abtropfen lassen und in mundgerechten Stücken auf Salattellern anrichten.

Paprika und Tomaten waschen, Tomaten achteln. Paprika in Streifen schneiden und gleichmäßig auf den Salatblättern verteilen.

Aus Weinessig, Senf, Sonnenblumenöl, Salz und Pfeffer eine Sauce bereiten und über den Salat gießen.

Walnüsse schälen, zerkleinern und über den Salat streuen.

Fleischbällchen rund um den Salat anrichten. In die Zwischenräume Paprikaornamente legen.

Tipp Paprikaschoten sind arm an Kalorien, aber reich an Vitaminen. Eine halbe rote oder grüne Paprikaschote reicht aus, um den täglichen Bedarf an Vitamin C zu decken. Beim Einkauf sollte man darauf achten, dass die Schoten knackig und festfleischig sind. Ihre Haut sollte glänzen und keine Risse zeigen. Paprikaschoten schmecken mit feinen Füllungen oder in Kombination mit anderen Gemüsesorten in Eintöpfen und Salaten.

Mexikopfanne

4 Portionen
Ganz einfach

- 750 g Rotbarschfilet
- Salz
- Saft von 1 Zitrone
- 2 Zwiebeln
- 4 Knoblauchzehen
- 2 grüne und 2 rote Paprikaschoten
- 2 Peperoni
- 6 Tomaten
- 6 EL Öl
- 6 EL Mais (Dose)
- 4 EL Tomatenketschup
- ½ TL Chilipulver
- Je 3 EL gehackte Petersilie und Dill
- 4 Chiliblüten

Rotbarschfilet in kleine Würfel schneiden, salzen und mit Zitronensaft beträufeln.

Zwiebeln und Knoblauchzehen schälen und klein schneiden.

Paprikaschoten und Peperoni putzen, waschen und in Streifen schneiden.

Tomaten enthäuten und in Würfel schneiden.

In einer Pfanne das Öl erhitzen, die Zwiebeln hineingeben und andünsten. Knoblauch, Paprika, Peperoni und die Hälfte der Tomaten zugeben und fünf Minuten dünsten.

Fischwürfel und Mais obenauf geben. Mit den restlichen Tomaten bedecken.

Tomatenketschup mit Salz und Chilipulver vermischen und auf den Tomaten verteilen.

Zugedeckt im vorgeheizten Backofen bei 200 Grad 15 Minuten garen. Den Deckel abnehmen und noch weitere fünf Minuten garen.

Fisch aus dem Ofen nehmen und mit Petersilie und Dill bestreuen.

Auf vorgewärmten Tellern anrichten und mit Chiliblüten garniert zu Tisch bringen.

Garnelen mit Knoblauch

4 Portionen
Ganz einfach

- 500 g geschälte Garnelen
- 7 Knoblauchzehen
- 2 rote Chilischoten
- ⅛ l Olivenöl
- 40 g Butter
- Salz
- Frisch gemahlener schwarzer Pfeffer
- 4 Chiliblüten

Garnelen waschen, trocknen.

Knoblauchzehen schälen und zerdrücken.

Chilischoten entkernen und in feine Ringe schneiden.

Olivenöl und Butter in einer Pfanne erhitzen. Chiliringe, Knoblauch und Garnelen dazugeben. Salzen, pfeffern und etwa drei Minuten garen.

Mit Chiliblüten garnieren.

Pikante Gemüsekörbchen

4 Portionen
Ganz einfach

- 4 gelbe Paprika
- 1 kleine Stange Lauch
- 50 g Butter
- 400 g gekochter Langkornreis
- 2 EL Weinessig
- 1 TL scharfer Senf
- Salz
- 6 EL Öl
- Frisch gemahlener weißer Pfeffer
- 4 EL gehackte Kräuter (Schnittlauch, Kerbel, Petersilie)

Paprika waschen, einen Deckel abschneiden, die Samen entfernen. Bei Bedarf den Boden flach schneiden.

Lauch putzen, die hellen, zarten Teile in feine Ringe schneiden.

In einer Pfanne die Butter zerlassen, den Lauch hineingeben und zwei Minuten dünsten.

Reis in eine Schüssel füllen, den Lauch zugeben, alles sorgfältig vermischen.

Für die Salatsauce Weinessig, Senf und Salz gut verrühren. Unter Rühren das Öl langsam einfließen lassen. Mit Pfeffer würzen, die Kräuter zugeben.

Salatsauce unter den Reis mischen.

Paprikakörbchen mit dem Salat füllen und auf einer Platte anrichten.

Tipp Blanchierte Zucchinihälften sind ebenfalls attraktive Schalen für Reis-, Käse- oder Nudelsalate.

Avocadofächer

1 Avocados der Länge nach bis zum Stein aufschneiden, die Fruchthälften vorsichtig gegeneinander drehen, bis sie sich vom Stein lösen.

2 Die beiden Hälften der Länge nach halbieren.

3 Viertel jeweils der Länge nach einschneiden, aber nicht durchschneiden; etwa drei Zentimeter des dickeren Endes im Ganzen lassen.

4 Scheiben wie einen Fächer auseinander ziehen und mit Zitronensaft beträufeln.

Tipp Mit Avocadofleisch kann man Salatsaucen, Majonäse, saure Sahne oder Quark verfeinern, püriert wird es für Cremes verwendet. Immer mit von der Partie sollte Zitronensaft sein. Er schützt Avocados vor dem Verfärben.

Avocadofächer mit Apfel

4 Portionen
Raffiniert

- 2 Avocados
- Saft von 1 Zitrone
- 1 Zwiebel
- 1 Knoblauchzehe
- 1 säuerlicher Apfel
- 3 EL Apfelessig
- Salz
- Frisch gemahlener weißer Pfeffer
- Zucker
- 6 EL Sonnenblumenöl
- 3 EL Kerbel
- 3 EL Petersilie
- 4 Apfelblüten

Aus den Avocados vier Fächer herstellen, diese auf einem Teller anrichten und sofort mit dem Zitronensaft beträufeln.

Zwiebeln und Knoblauch schälen und sehr fein schneiden.

Apfel waschen und ungeschält in sehr kleine Würfel schneiden, dabei das Kerngehäuse entfernen.

Apfelessig, Salz und Pfeffer mit einer Prise Zucker verrühren. Öl langsam einfließen lassen.

Kräuter, Zwiebeln, Knoblauch und Apfelwürfel untermischen.

Salatsauce gleichmäßig über den Avocadofächern verteilen.

Jeden Fächer mit einer Apfelblüte (➔ Seite 112) garnieren.

Avocadoblüte

4 Portionen
Besonders fein
Braucht etwas Zeit

- ½ Hand voll abgezupfter Dill
- 2 EL Schnittlauchröllchen
- 2 TL Kapern
- 2 EL Weinessig
- 2 EL Olivenöl
- Salz
- Pfeffer
- 150 g feste Champignons
- 2 Avocados
- 4 Tomatenschmetterlinge

Dill, Schnittlauchröllchen, Kapern, Weinessig und Olivenöl vermischen, mit Salz und Pfeffer würzen.

Champignons putzen und in dünne Scheiben schneiden.

Avocados schälen, längs halbieren und die Steine entfernen. Die Avocadohälften in dünne Scheiben schneiden.

Champignon- und Avocadoscheiben fächerförmig auf gekühlten Tellern in Blütenform anrichten.

Salatsauce darüber verteilen. Mit Tomatenschmetterlingen (➔ Seite 46) garnieren.

Tipp Unreife Avocados sollte man bei Zimmertemperatur nachreifen lassen, denn nur reife Früchte entfalten ihr ganzes Aroma. Weichen Sie beim Einkauf nicht vor unansehnlichen Früchten zurück, denn diese besitzen häufig den intensivsten Geschmack.

Dekorieren mit Zucchini, Gurken & Kürbis

Zucchiniblüten

1 Für große Blüten die gewaschenen Zucchini mit einem Messer der Länge nach in feine Scheiben schneiden. Für kleine Blüten Zucchini vierteln und mit dem Gemüseschäler dünne Scheiben abnehmen.

2 Aus den Scheiben einen Kamm herstellen. Dafür die Scheiben an einer Seite dicht nebeneinander einschneiden, aber nicht durchtrennen.

3 Jeweils eine Scheibe aufrollen und mit einem Zahnstocher zusammenstecken.

4 Die Blüte aufrecht stellen, sodass die Blütenblätter gleichmäßig nach außen fallen.

Tipp Junge, zarte Zucchini eignen sich am besten für die Herstellung dieser Blüten.

Gefüllte Zucchiniblüten

4 Portionen
Raffiniert
Braucht etwas Zeit

Für die Sauce: • 1 Zwiebel • 5 Pfefferkörner • 1 EL Weißweinessig • 4 Eigelb • 250 g Butter • Zitronensaft • Salz • Cayennepfeffer • 1 EL Tomatenmark • 2 EL geschlagene Sahne

Für die Zucchiniblüten: • 250 g Möhren • Salz • 2 EL Butter • 1 TL Zucker • Einige Thymian- und Sellerieblüten • 500 g gekochte Hähnchenbrust • Pinienkerne • 12 Zucchiniblüten • 200 g Mehl • 2 Eigelb • 200 ml Milch • Öl zum Frittieren

Für die Sauce die Zwiebel schälen und fein schneiden. Mit den Pfefferkörnern, Essig und fünf Esslöffeln Wasser in einen Topf geben, erhitzen und vier Minuten kochen.

Durch ein feines Sieb gießen, Eigelb zufügen und im Wasserbad so lange aufschlagen, bis die Masse cremig wird. Sauce aus dem Wasserbad nehmen.

Zerlassene, warme Butter tropfenweise unterrühren, einige Tropfen Zitronensaft zufügen. Mit Salz, Pfeffer und Tomatenmark abschmecken. Warm stellen. Vor dem Servieren die geschlagene Sahne einrühren.

Für die Zucchiniblüten die Möhren putzen und in Scheiben schneiden. In etwas Salzwasser zehn Minuten garen. Das überschüssige Wasser abgießen.

Butter und Zucker zu den Möhren geben und fünf Minuten köcheln lassen, dabei ab und zu umrühren. Thymian- und Sellerieblüten darüber geben.

Fleisch klein schneiden und untermischen.

Zucchiniblüten ausschütteln, den Stempelansatz entfernen.

Zucchiniblüten mit der Möhrenmasse füllen.

Mehl, Eigelb, Milch und Salz verquirlen. Das Öl erhitzen. Die Zucchiniblüten in den Teig tauchen und im Öl goldgelb frittieren. Mit der Schaumsauce zu Tisch bringen.

Ornamentierte Zucchini

1 Zucchini waschen, trocknen, längs halbieren und in gleichmäßige Stücke schneiden.

2 Mit einem spitzen Messer Ornamente oder Buchstaben in die grüne Zucchinischale ritzen.

3 Noch einfacher ritzen Sie die Ornamente mit einem Kanneliermesser aus dem Fachhandel in die Schale.

4 Zucchini kurz in Butter schwenken, salzen, mit Petersilie bestreuen und zu Fleischgerichten reichen.

Tipp Möchten Sie die Zucchini als Beilage verwenden, sollten Sie junge Früchte auswählen. Denn diese sind nicht nur saftiger als ihre größeren Verwandten, sondern haben auch weniger Kerne und besitzen darüber hinaus ein festeres Fleisch.

Piccata
4 Portionen
Ganz einfach

- 8 Kalbsschnitzel (á 50 g)
- Salz
- Frisch gemahlener weißer Pfeffer
- 2 Eier
- 2 EL Olivenöl
- 2 EL geriebener Parmesan
- 180 g Butter
- 2 EL Mehl
- 150 g Butter
- Ornamentierte Zucchini aus 500 g kleinen Zucchini
- Dillsträußchen

Fleisch leicht flach klopfen und auf beiden Seiten mit Salz und Pfeffer würzen.

Eier, Öl und Parmesan verrühren und eine viertel Stunde ruhen lassen.

In einer Pfanne 80 Gramm Butter erhitzen. Schnitzel zuerst in Mehl, danach in der Käsemasse wenden und in der Butter auf beiden Seiten goldgelb braten. Fleisch herausnehmen und warm stellen.

Ornamentierte Zucchini in der restlichen Butter etwa fünf Minuten schwenken.

Schnitzel auf vorgewärmten Tellern verteilen. Ornamentierte Zucchini neben das Fleisch setzen und Dillsträußchen anlegen.

Kalbsschnitzel mit Schinken
4 Portionen
Ganz einfach

- 8 kleine Kalbsschnitzel (á 50 g)
- Salz
- Frisch gemahlener weißer Pfeffer
- 8 frische Salbeiblätter
- 8 Scheiben Parmaschinken
- 180 g Butter
- 6 EL Weißwein
- Ornamentierte Zucchini aus 500 g kleinen Zucchini

Schnitzel leicht flach klopfen und auf beiden Seiten mit Salz und Pfeffer würzen.

Auf jede Fleischscheibe ein Salbeiblatt und eine Schinkenscheibe legen. Mit einem Holzstäbchen zusammenhalten.

In einer Pfanne 60 Gramm Butter erhitzen, die Schnitzel hineingeben und auf beiden Seiten drei Minuten braten. Schnitzel aus der Pfanne nehmen und warm stellen.

Zum Bratenfett den Wein geben, kurz aufkochen lassen, 40 Gramm Butter zufügen, glatt rühren. Die Sauce über den Schnitzeln verteilen. Nochmals kurz warm stellen.

Ornamentierte Zucchini in restlicher Butter schwenken und zu den Schnitzeln geben.

Zucchinispirale

1 Für diese Dekoration eignen sich Zucchinifrüchte, die nicht dicker als etwa vier Zentimeter sind. Zucchini waschen, Stiel- und Blütenansätze abschneiden.

2 Spiralschneider an einem Ende der Frucht anlegen und vorsichtig durch das Fleisch drehen, bis die Spitze des Schneiders am anderen Ende durch das Fleisch stößt.

3 Spirale auseinander ziehen, auf einen Teller legen und leicht salzen.

4 Nach etwa einer Viertelstunde das gezogene Wasser abtropfen lassen, und die Zucchinispirale auf Platten anrichten.

Tipp Besonders wirkungsvoll ist eine Doppelspirale aus grünen und gelben Zucchini. Dafür die Zucchinispiralen wie beschrieben anfertigen und anschließend ineinander verschlingen.

Lammrücken im Zucchinikleid

4 Portionen
Braucht etwas Zeit

- **1,2 kg Lammrücken (vom Metzger unter den Knochen eine fingerbreite Tasche schneiden lassen)**
- **1 rote und 1 gelbe Paprika**
- **2 Auberginen**
- **3 Knoblauchzehen**
- **2 Thymianzweige**
- **50 g Butterschmalz**
- **Salz**
- **Frisch gemahlener weißer Pfeffer**
- **125 g weiche Butter**
- **1 EL gehackte Petersilie**
- **1 EL fein geschnittener Estragon**
- **½ TL Schale einer unbehandelten Zitrone**
- **3 Zucchini**
- **2 EL Öl**
- **½ l Brühe**
- **⅛ l Lammjus (Fertigware)**
- **1 EL Butter**
- **Zucchinispiralen**

❀ Fleisch waschen und trockentupfen.

❀ Paprika und Auberginen putzen und in Würfel schneiden. Knoblauch schälen und zerdrücken.

❀ Paprika und Auberginen mit Knoblauch und Thymianzweigen in Butterschmalz dünsten. Mit Salz und Pfeffer würzen.

❀ Masse auskühlen lassen und in die Fleischtasche füllen.

❀ Butter in eine Schüssel geben, mit Petersilie, Estragon und Zitronenschale mischen. Die Hälfte der Kräuterbutter in die Fleischtasche geben. Mit der restlichen Butter das Fleisch einreiben.

❀ Zucchini waschen und in dünne Scheiben schneiden, in Öl kross braten und mit Salz und Pfeffer würzen. Lammrücken mit Zucchinischeiben belegen.

❀ Lammrücken mit der Hautseite nach unten in die Bratenpfanne legen und im vorgeheizten Backofen bei 200 Grad 20 Minuten braten, ab und zu mit Brühe begießen. Herausnehmen, mit Alufolie bedecken und anschließend fünf Minuten ruhen lassen.

❀ Lammjus erhitzen. Vom Herd nehmen, kalte Butterflöckchen einrühren.

❀ Lammrücken in Scheiben schneiden, auf einer Servierplatte anrichten, die Sauce angießen. Mit den vorbereiteten Zucchinispiralen garnieren.

Tipp Zucchini sind leicht verdaulich, wirken entwässernd und aktivieren den Zellstoffwechsel. Darüber hinaus kräftigen sie Muskeln und Herz. Sie sind ideale Beilagen für Fleisch- und Geflügelgerichte, vertragen sich aber auch ausgezeichnet mit verschiedenen Gemüsesorten wie Möhren, Tomaten, Auberginen, Paprikaschoten, Blumenkohl und Pilzen. Oregano, Thymian und Zitronenmelisse sind die idealen Kräuter für Zucchinigerichte.

Gurkenfächer

1 Gurken waschen und längs halbieren, mit der Schnittfläche auf die Arbeitsplatte legen. Blüten- und Stielansätze abschneiden.

2 Gurkenhälften in sieben Zentimeter lange Stücke schneiden und diese der Länge nach in feine Scheiben schneiden, jedoch nicht durchtrennen. Jede zweite Scheibe nach innen rollen und im Winkel festklemmen.

Gurkenrosette

1 Gurke waschen, der Länge nach halbieren und mit der Schnittfläche auf die Arbeitsplatte legen. Die Hälften in feine Scheiben schneiden, aber nicht ganz durchschneiden. Jeweils nach sieben Scheiben durchtrennen.

2 Gurkenstücke zu einem Fächer auseinander ziehen. Etwa fünf der kleinen Fächer zu einer Blüte aneinander reihen, mit Dill schmücken.

Mousse aus Räucherlachs

4 Portionen
Raffiniert
Braucht etwas Zeit

• 2 Blatt weiße Gelatine • 125 g Räucherlachs • 175 ml Schlagsahne • 1 TL frisch geriebener Meerrettich • Frisch gemahlener weißer Pfeffer • Salz • Lachskaviar • Gurkenrosetten

Gelatine in etwas kaltem Wasser einweichen.

Räucherlachs pürieren und mit etwas Schlagsahne vermischen. Gelatine in wenig heißem Wasser auflösen und unterrühren. Durch ein Sieb streichen. Mit Meerrettich, Pfeffer und Salz würzen. Kalt stellen.

Sobald die Mousse zu stocken beginnt, die restliche Sahne steif schlagen und portionsweise unterziehen.

In eine kleine Form füllen, mit Folie bedecken und zwei Stunden kühlen.

Wenn die Mousse fest ist, aus dem Kühlschrank nehmen und stürzen.

Mit Kaviar und Rosetten garnieren.

Leberwurst

Braucht etwas Zeit
Lässt sich gut vorbereiten

• 1 kg geräucherter Speck • 6 Zwiebeln • 2 kg Kalbsleber • Butter • 250 g frischer Rückenspeck • 500 g Schweinehackfleisch • Salz • 6 EL getrockneter Majoran • 1 EL grob gemahlener schwarzer Pfeffer • ¼ l Fleischbrühe

Rund 200 g geräucherten Speck in kleine Würfel schneiden. Zwiebeln schälen, klein schneiden und mit dem Speck in einer Pfanne braten.

Leber von Fett und Sehnen befreien und in Streifen schneiden. Etwa 10 Minuten in Butter anbraten.

Den restlichen geräucherten Speck und den Rückenspeck in Streifen schneiden. Zusammen mit der gedünsteten Leber und der Speck-Zwiebel-Mischung durch den Fleischwolf drehen. Mit Hackfleisch, Gewürzen und zimmerwarmer Brühe vermischen.

In Einkochgläser füllen, Gläser verschließen und in der Saftpfanne des Backofens bei 150 Grad 90 Minuten sterilisieren. Gläser aus dem Ofen nehmen, mit einem feuchten Tuch bedecken und auskühlen lassen.

Tipp Streichen Sie die Leberwurst auf getoastete Weißbrotscheiben und garnieren Sie diese mit Gurkenfächern.

Kürbisgefäße

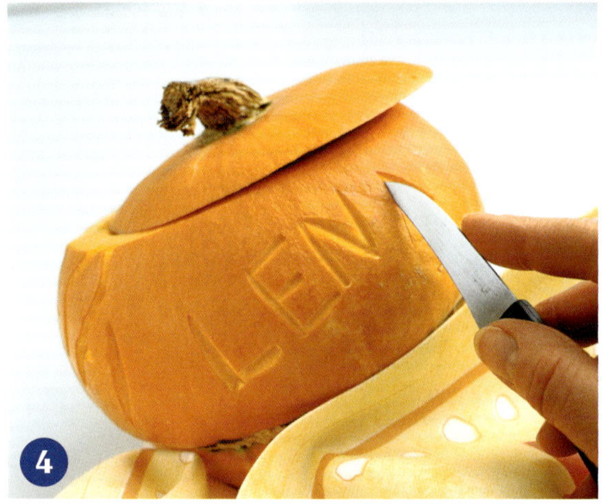

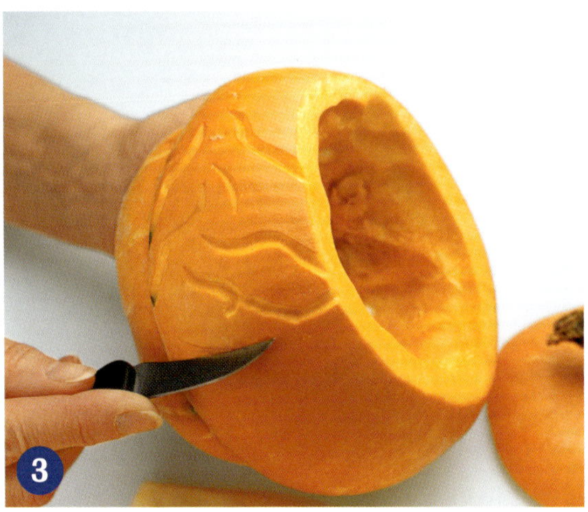

1 Einen schön geformten Kürbis auswählen und waschen. Bei Bedarf den Boden flach schneiden.

2 Deckel abschneiden und Kürbis aushöhlen.

3 Mit einem scharfen Messer Muster in den Kürbis schneiden.

4 Auch Namen und Gesichter können in die dicke Schale geritzt werden.

Tipp Zierkürbisse sind ein auffallender Tischschmuck. Als Obstschalen ziehen sie die Blicke auf sich. Kürbisse kommen aber auch als »Vasen« für Herbstblumensträuße gut zur Geltung. Dafür die Früchte wie beschrieben aushöhlen und mit beliebigen Mustern verzieren. Eine Blumenvase, die etwas kleiner als der Kürbis ist, in die ausgehöhlte Frucht stellen.

Gefüllter Kürbis

4 Portionen
Raffiniert
Braucht etwas Zeit

- **1 kg gemischtes Hackfleisch**
- **2 kleine Zwiebeln**
- **3 Eier**
- **250 g gekochter Reis**
- **Salz**
- **Frisch gemahlener weißer Pfeffer**
- **1 Muskatkürbis (3,5 kg)**
- **Semmelbrösel**
- **1 Stück Muskatkürbis (600 g)**
- **Öl**

Hackfleisch in eine Schüssel geben.

Zwiebeln schälen, fein hacken, mit den Eiern und dem Reis vermischen, mit Salz und Pfeffer würzen.

Vom Kürbis einen Deckel abschneiden. Kerne und Fasern herauslösen.

Das Kürbisinnere mit Salz und Pfeffer würzen. Semmelbrösel einstreuen und das Hackfleisch einfüllen.

Kürbisschale mit Öl bepinseln. Ein Backblech mit Alufolie auslegen, den Kürbis darauf geben und im vorgeheizten Backofen bei 180 Grad zwei Stunden garen.

Inzwischen das zusätzliche Stück Kürbis von den Fasern befreien, schälen und feinstreifig schneiden.

Kürbisstreifen in erhitztem Öl frittieren. Auf Küchenpapier abtropfen lassen, salzen.

Den garen Kürbis aus dem Ofen nehmen, mit dem Kürbisstroh garnieren.

Kürbis in Portionsstücke zerteilen und servieren.

Kürbissuppe

4 Portionen
Ganz einfach

- **1 kg Kürbis**
- **⅛ l Milch**
- **1 TL gekörnte Gemüsebrühe**
- **½ TL Salz**
- **200 ml Crème fraîche**
- **Frisch gemahlener weißer Pfeffer**
- **Muskatnuss**
- **4 Scheiben Toastbrot**
- **30 g Butter**

Kürbis schälen, Fasern und Kerne entfernen. Kürbisfleisch grob würfeln.

Zusammen mit Milch und einer großen Tasse Wasser in einen hohen Topf geben. Mit Gemüsebrühe und Salz würzen.

Einmal aufkochen lassen, dann bei geringer Hitze etwa 20 Minuten garen.

Wenn die Kürbiswürfel weich sind, mit dem Pürierstab pürieren. Crème fraîche hinzufügen.

Mit Pfeffer und Muskat würzen.

Die Toastbrotscheiben würfeln und in Butter rösten.

Kürbissuppe auf Tellern verteilen und mit den Brotwürfeln garnieren.

Dekorieren mit Pilzen & Zwiebeln

Pilzhäubchen

1 Champignons reinigen und abreiben. Von der Mitte her mit einem Messer schräg in die Hüte schneiden. Neben den ersten Einschnitt einen zweiten flacheren setzen. Das Zwischenstück vorsichtig heraustrennen. Einen etwa zwei Millimeter breiten Rand stehen lassen und dann ein weiteres Stück herauslösen. So fortfahren.

2 Beim Schneiden darauf achten, dass der Pilz gegen das Messer gedrückt wird und nicht umgekehrt. Ist das Hütchen rundum verziert, Stiele abschneiden.

3 Pilzhäubchen mit ein wenig Petersilie unterlegen.

Tipp In etwas Butter gedünstete Pilzhäubchen eignen sich als Beilage zu Salaten oder Fleischgerichten. Mit Zitronensaft beträufelte Champignonköpfe kommen auch gut zur Geltung, wenn sie auf Gemüseblüten platziert werden.

Kaninchenkeulen mit Entenbrust

4 Portionen
Besonders fein
Braucht etwas Zeit

• 5 Kaninchenkeulen • 400 g geräucherte Entenbrust • Salz • Frisch gemahlener weißer Pfeffer • 3 EL gehackte Petersilie • 100 ml Schlagsahne • 50 g Butterschmalz • Kräutersträußchen und Pilzhäubchen

❀ Kaninchenkeulen waschen, trocknen. Bei vier Keulen den Oberschenkelknochen freischneiden, im Gelenk nach unten drücken und herausdrehen.

❀ Übrige Kaninchenkeule vom Knochen befreien, Fleisch durch den Fleischwolf drehen und in eine Schüssel füllen. Entenbrust häuten, in kleine Würfel schneiden und zum durchgedrehten Kaninchenfleisch geben. Salz, Pfeffer, Petersilie und Schlagsahne zugeben. Gut vermischen.

❀ Keulen mit der Fleischmasse füllen und mit Salz und Pfeffer einreiben.

❀ In einem Bräter das Butterschmalz erhitzen, die Keulen hineingeben und ringsum anbraten. Im vorgeheizten Backofen bei 180 Grad etwa 35 Minuten braten.

❀ Keulen aus dem Backofen nehmen und in Scheiben schneiden. Bratensauce durch ein Sieb geben, mit Salz und Pfeffer abschmecken.

❀ Auf vorgewärmte Teller einen Saucenspiegel geben. Die Fleischscheiben in Blütenform darauf anrichten.

❀ Mit Kräutersträußchen und Pilzhäubchen garnieren.

Tomaten-Nuss-Salat

4 Portionen
Raffiniert

• 500 g Tomaten • 1 EL Zitronensaft • Salz • Pfeffer • 1 Prise Zucker • 6 EL Öl • 10 grüne Oliven mit Stein • 50 g Pinienkerne • 1 Bund fein geschnittenes Basilikum • Pilzhäubchen

❀ Tomaten überbrühen, häuten und achteln.

❀ Zitronensaft, Salz, Pfeffer, Zucker und Öl vermischen.

❀ Olivenfleisch in Spalten von den Steinen schneiden.

❀ Pinienkerne in einer Pfanne ohne Fett rösten.

❀ Tomaten, Oliven, Pinienkerne und Basilikum mit der Sauce marinieren.

❀ Auf Salattellern verteilen. Ringsum mit Pilzhäubchen garnieren.

Champignonkörbchen

1 Champignons abreiben und mit Zitronensaft marinieren. Mit einem Ziseliermesser Muster einschneiden.

2 Stiel abdrehen und Champignons vorsichtig etwas weiter aushöhlen.

Tipp Champignonkörbchen zieren kalte Platten. Gefüllt mit Gänseleberpastete und garniert mit Kräutern sind sie ein Augen- und Gaumenschmaus.

Champignonranke

1 Champignons abreiben und mit Zitronensaft marinieren. Stiele abschneiden, Champignons in Scheiben schneiden.

2 Scheiben dachelziegelartig übereinander legen und fantasievoll zu geometrischen Formen anordnen. Mit Kräutern, Gewürzen oder Ornamenten aus Paprika (→ Seite 52) verzieren oder Möhrenblüten dazwischenlegen (→ Seite 24).

Dekorieren mit Kräutern & Blüten

Kopfsalat mit Blütenschmuck

4 Portionen
Besonders fein
Preiswert

- **2 Kopfsalate**
- **Saft von 1 Zitrone**
- **4 EL Pflanzenöl**
- **Salz**
- **Frisch gemahlener schwarzer Pfeffer**
- **Saft von 1 zerdrückten Knoblauchzehe**
- **2 Hände voll frisch gepflückte und gesäuberte Gänseblümchen**

Salatblätter waschen, in mundgerechte Stücke teilen und in eine Schüssel legen.

Zitronensaft, Öl, Salz, Pfeffer und Knoblauchsaft vermischen und über die Salatblätter geben.

Gänseblümchen auf dem Salat anordnen und sofort servieren.

Tipp Bringen Sie Farbe in Ihren Salat! Auch Kapuzinerkresseblüten sind eine extravagante Salatbeigabe.

Radicchio-Salat mit Malvenblüten

4 Portionen
Besonders fein
Braucht etwas Zeit

- 100 g Cashewkerne
- 2 EL Zucker
- 2 EL Weißwein
- 1 EL Butter
- 300 g Radicchio
- 2 Karambolen
- 1 Orange
- 1 roter Apfel
- Saft von 2 Zitronen
- Salz
- ½ TL Zucker
- 6 EL Öl
- 6–8 frisch gepflückte Malvenblüten

Cashewkerne längs halbieren.

Zucker in eine Pfanne geben und goldbraun schmelzen.

Weißwein und Butter zugeben und so lange kochen, bis sich der Zucker aufgelöst hat. Cashewkerne zugeben und im Karamell wenden. Vom Herd nehmen und auskühlen lassen.

Radicchio halbieren, den bitteren Strunk heraustrennen. Die Blätter waschen, trockentupfen und in mundgerechte Stücke zupfen.

Karambolen waschen und quer in Scheiben schneiden, sodass kleine Sterne entstehen. Orange schälen, die Filets aus den Trennhäuten herauslösen.

Apfel waschen, ungeschält in Spalten schneiden, dabei das Kernhaus entfernen. Sofort mit zwei Esslöffeln Zitronensaft beträufeln.

Restlichen Zitronensaft mit Salz und Zucker verrühren, das Öl unterschlagen. Über den Radicchio geben.

Karambolen, Orangenfilets und Apfelspalten unter den Salat heben.

Karamellisierte Cashewkerne aufstreuen. Salat mit gereinigten Malvenblüten dekorieren.

Buttermilchsuppe mit Gänseblümchen

4 Portionen
Ganz einfach
Preiswert

- **2 Schalotten** • **2 Bund Basilikum**
- **1 ¼ l Buttermilch** • **Salz** • **Weißer Pfeffer**
- **Einige Basilikumblättchen**
- **1 Hand voll frisch gepflückte Gänseblümchen**

Schalotten schälen und zerkleinern. Basilikum waschen, abtropfen lassen und zerkleinern.

Schalotten und Basilikum im Mixer pürieren. Buttermilch einrühren. Mit Salz und Pfeffer abschmecken.

Suppe kühl stellen. Kurz vor dem Servieren nochmals durchrühren und dann in Suppenteller füllen.

Basilikumblättchen aufstreuen, Gänseblümchen von den Stielen zupfen und auf der Suppe verteilen.

Mandelmedaillons mit Kapuzinerkresseblüten

4 Portionen
Besonders fein

• 500 g Schweinefilet • Salz • Frisch gemahlener schwarzer Pfeffer • 2 Eier • 2 EL Mehl • 150 g gehackte Mandeln • 50 g Butterschmalz • Salatblätter • 12–15 frisch gepflückte Kapuzinerkresseblüten

❁ Fleisch waschen, trockentupfen, zu Medaillons schneiden und mit Salz und Pfeffer würzen.

❁ Eier verquirlen. Medaillons zuerst in Mehl, dann in Ei wenden und danach mit Mandeln panieren.

❁ In einer Pfanne das Butterschmalz erhitzen, Medaillons hineingeben und auf beiden Seiten bei mittlerer Hitze etwa drei Minuten goldgelb braten.

❁ Salatblätter waschen, trockentupfen und den Boden einer Servierplatte damit auslegen.

❁ Die Medaillons auf den Salatblättern anrichten. Ringsum gereinigte Kapuzinerkresseblüten anordnen.

Blüten zum Garnieren

Begonien sind eine ideale Ergänzung zu Mangos und pikanten Salaten. Mit einer Zuckerkruste passen sie vorzüglich zu Desserts und Pfannkuchen.

Dill ist ein unentbehrliches Küchenkraut: Blätter, Blüten und Knospen geben Fisch, Gemüsen und Salaten köstliche Würze.

Borretschblüten haben einen leichten Gurkengeschmack und passen zu Salaten, Fisch, Desserts oder Käse.

Gänseblümchen veredeln Suppen, Saucen und Salate. Verzuckerte Gänseblümchen sind ein schöner Blickfang auf Desserts und Appetithäppchen.

Chrysanthemen-Blütenblätter eignen sich für Suppen, Salate, Eier-, Käse- und Fischspeisen.

Kapuzinerkresseblüten passen zu Salaten, Käse, Fisch- und Fleischgerichten.

Dahlienblütenblätter sind eine schöne Zutat in grünem Salat. In verzuckerter Rüstung machen sie sich prächtig auf Desserts und Backwerk.

Kürbisblüten lassen sich pikant oder süß füllen und frittieren. Sie schmecken leicht süßlich und lieben die Gesellschaft von Gemüse, Kräutern, Frischkäse, Geflügel, Kalbfleisch, Krebsen, Garnelen oder Pfannkuchen.

Löwenzahnblüten zieren kalte Platten und Salate.

Ringelblumen sind eine schöne Garnitur auf Fisch, Geflügel, Suppen und Kartoffelpüree.

Malvenblüten eignen sich wegen ihrer schönen Blütenform und ihren kräftigen Farben zur Dekoration von Desserts, Salaten und Backwerk.

Veilchen kommen besonders gut zur Geltung, wenn sie kandiert sind.

Nelken in zuckriger Rüstung schmücken Desserts, Obstsalate und Torten.

Weinrebenblüten und -blätter eignen sich zum Verzuckern oder geben den grünen Rahmen für Käseplatten.

Weitere Pflanzen, die sich zum Dekorieren eignen

Pflanze	Zu verwendende Pflanzenteile	Geeignete Speisen
Bohnenkraut	Blüten und Blätter	Salate, Gemüsegerichte, Fisch, Fleisch
Lavendel	Blüten	Käse, Desserts, Backwerk
Majoran	Blüten und Blätter	Kartoffelgerichte, Fleisch, Pasteten, Käsegerichte
Oregano	Blüten und Blätter	Käse- und Wurstplatten, Nudelgerichte
Passionsblume	Blüten	Desserts
Pfefferminze	Blüten und Blätter	Salate, Lamm, Desserts
Salbei	Blüten und Blätter	Fisch, Fleisch, Gemüse
Schnittlauch	Blüten und Blätter	Deftige Eierspeisen, Käse
Stiefmütterchen	Blüten	Salate, Desserts, Backwerk
Thymian	Blüten und Blätter	Kartoffelgerichte, Fleisch, Käse
Wiesenklee	Blüten	Käse, Salate, Fleisch, Pasteten
Zitronenmelisse	Blüten und Blätter	Salate, Kräutersaucen, Desserts

Lachsspieß auf Reissalat

4 Portionen
Ganz einfach

Für den Reissalat: • 125 g gekochter Schinken • 2 Tomaten • ½ gelbe Paprika • 100 g kleine Champignons • 250 g gekochter Reis • 2 EL Weinessig • 3 EL Öl • Salz • Frisch gemahlener weißer Pfeffer • 2–3 EL zerkleinerte Kräuter (Petersilie, Dill) • Einige frisch gepflückte gereinigte Dillblüten

Für den Lachsspieß: • 800 g Seelachsfilet • Saft von 1 Zitrone • Salz • 50 g Butterschmalz • Weißer Pfeffer

Schinken in kleine Würfel schneiden. Tomaten und Paprika waschen und klein würfeln. Champignons feinblättrig schneiden.

Reis in eine Schüssel geben. Schinken, Tomaten, Paprika und Champignons unter den Reis mischen.

Aus Essig, Öl, Salz und Pfeffer eine Marinade bereiten und unter den Reissalat geben. Ein bis zwei Stunden ziehen lassen.

Lachsfilet in zwei Zentimeter große Würfel schneiden, mit Zitronensaft beträufeln und salzen.

Lachswürfel auf Spieße stecken, rundum mit Butterschmalz bestreichen, mit Salz und Pfeffer würzen. Etwa fünf Minuten grillen.

Reissalat abschmecken und mit den Kräutern bestreuen. Zusammen mit dem Lachsspieß auf Tellern anrichten, mit Dillblüten dekorieren.

Weinkoteletts mit Orangenscheiben und Borretschblüten

4 Portionen
Raffiniert
Braucht etwas Zeit

• 4 Schweinekoteletts • Salz • Frisch gemahlener weißer Pfeffer • 50 g Butterschmalz • 10 g Stärkemehl • ½ l Weißwein • 4 Orangenscheiben von unbehandelter Orange • 2 Hand voll frisch gepflückte Borretschblüten

Fleisch waschen und trockentupfen. Den äußeren Fettrand einschneiden. Koteletts mit Salz und Pfeffer würzen.

In einer Pfanne das Butterschmalz erhitzen, Koteletts hineingeben und auf beiden Seiten sechs Minuten braten.

Stärkemehl in etwas Weißwein glatt rühren. Restlichen Wein zu den Koteletts geben, aufkochen lassen und mit dem angerührten Stärkemehl binden.

Koteletts auf einer vorgewärmten Platte anrichten.

Orangenscheiben mit einem spitzen Messer auszacken, auf die Koteletts legen und mit Borretschblüten garnieren. Sauce angießen.

Nusskäse mit Oregano

4 Portionen
Besonders fein

- 200 g Frischkäse
- 2 EL weiche Butter
- 2 getrocknete Datteln
- 2 EL frischer, zerkleinerter Oregano
- 4 EL gehackte Walnüsse
- 1 Prise edelsüßer Paprika
- Salz
- Frisch gemahlener weißer Pfeffer
- 4 Scheiben Toastbrot
- Junge Triebspitzen von Oregano
- Walnusshälften

Frischkäse und Butter in einer Schüssel glatt rühren.

Datteln fein schneiden, Oregano zerkleinern. Zusammen mit Walnüssen, Paprika, Salz und Pfeffer unter den Frischkäse mischen.

Von den Toastbrotscheiben die Ränder abschneiden. Frischkäse auf die Brote streichen.

Toastbrote auf einer Platte arrangieren und mit Oregano und Walnusshälften garnieren.

Tipp Für eine Käsecreme mit Klee vermischen Sie 300 Gramm Doppelrahmfrischkäse mit zwei Esslöffeln Zitronensaft, zwei Esslöffeln Schlagsahne und einer Hand voll frisch gepflückten und gereinigten Kleeblüten.

Torteletts mit Borretschblüten

4 Portionen
Braucht etwas Zeit

• 12 Torteletts, rund oder in Herzform (Fertigware) • 200 g Beeren (Heidelbeeren, Himbeeren, Brombeeren, Walderdbeeren) • 200 g Trauben • ¼ l Schlagsahne • 12 Borretschblüten

❁ Beeren und Trauben waschen, sorgfältig trockentupfen. Trauben nach Wunsch halbieren.
❁ Obst in den Torteletts anordnen.
❁ Sahne steif schlagen und auf die Torteletts verteilen.
❁ Borretschblüten mit einem Küchentuch vorsichtig säubern. Jedes Tortelett mit einer Blüte schmücken.

Tipp Eine Alternative zu Borretschblüten sind kandierte Veilchen.

Kandierte Blüten

1 Eiweiß mit einer Gabel aufschlagen und die frisch gepflückten, gereinigten Blüten ringsum einpinseln. Überschüssiges Eiweiß abtropfen lassen.

2 Blüten ringsum mit feinem Zucker – keinen Puderzucker verwenden – bestreuen. Überschüssigen Zucker vorsichtig abschütteln.

3 Die verzuckerten Blüten im vorgeheizten Backofen bei 50 Grad und spaltbreit geöffneter Ofentür trocknen lassen.

4 Zum Aufbewahren die kandierten Blüten vorsichtig zwischen Lagen aus Küchenkrepp legen und in eine gut verschließbare Dose geben.

Tipp Pflücken Sie Blüten, die kandiert werden sollen, am frühen Morgen. Bis zur Verwendung können sie im Kühlschrank aufbewahrt werden.

Petits Fours

4 Portionen
Besonders fein
Braucht etwas Zeit

Für den Teig: • 2 Eiweiß • 4 Eigelb • 50 g Zucker • 50 g Mehl • 20 g Stärkemehl
Für die Füllung: • 2 Blatt weiße Gelatine • 100 g zartbittere Kuvertüre • 100 g Nugat • 1 Ei • 2 EL Kaffeelikör • 1 TL Instantkaffee • 300 ml Schlagsahne

Für die Dekoration: • Puderzucker zum Ausrollen des Marzipans • 150 g Marzipanrohmasse • 500 g Puderzucker • 2 Eiweiß • 2 EL Zitronensaft • 1 EL Kokosfett • 100 g zartbittere Kuvertüre • Kandierte Blüten

Für den Biskuitteig das Eiweiß steif schlagen. Eigelb und Zucker verrühren, unter den Eischnee heben. Mehl und Stärkemehl darüber sieben und vorsichtig unterheben.

Backblech mit Backpapier auslegen, den Teig aufstreichen und im vorgeheizten Backofen bei 200 Grad zehn Minuten backen. Herausnehmen. Das Papier mit dem Teig vom Blech nehmen und Papier abziehen. Den Teig auskühlen lassen und in fünf mal fünf Zentimeter große Quadrate schneiden.

Für die Füllung die Gelatine in kaltem Wasser einweichen. Kuvertüre und Nugat zerkleinern und im heißen Wasserbad zum Schmelzen bringen.

Ei, Kaffeelikör und Instantkaffee im heißen Wasserbad cremig schlagen, die ausgedrückte Gelatine zugeben und verrühren. Mit der Kuvertüremasse vermischen. Die Sahne steif schlagen und vorsichtig unterheben. Kalt stellen.

Jeweils zwei Biskuitquadrate mit der Füllung bestreichen, aufeinander setzen und nach Belieben mit einem weiteren Biskuitstück bedecken.

Puderzucker auf die Arbeitsplatte sieben, das Marzipan auflegen und dünn ausrollen, in fünf mal fünf Zentimeter große Quadrate schneiden und jeweils auf ein Biskuittörtchen setzen.

Für die Glasur den Puderzucker in eine Schüssel sieben, mit Eiweiß und Zitronensaft verrühren. Das Kokosfett zerlassen und unter die Puderzuckermasse rühren.

Die Törtchen mit der Marzipandecke nach unten auf eine Gabel spießen und in die Glasur eintauchen. Auf einem Kuchengitter trocknen lassen.

Für die Dekoration die Kuvertüre im heißen Wasserbad schmelzen, in eine Tüte aus Pergamentpapier füllen und kleine Muster auf die Törtchen spritzen. Mit kandierten Blüten garnieren.

Tipp Überraschen Sie Ihre Freunde mit einem kleinen, aber sehr feinen Geschenk! Füllen Sie die Petits Fours aus eigener Produktion in dekorative Konfektschälchen aus dem Handel und umhüllen Sie sie mit transparenter Geschenkfolie.

Dekorieren mit Früchten

Früchte im Schokomantel

1 Erdbeeren und Trauben waschen, trockentupfen. Bananen schälen und in mundgerechte Stücke zerteilen. Orangen schälen und in Spalten trennen. Ananasscheiben in Segmente schneiden. Früchte auf Holzstäbchen stecken.

2 Vollmilch- oder Zartbitterkuvertüre im Wasserbad schmelzen. Früchte zur Hälfte oder ganz eintauchen.

3 Aus der Kuvertüre heben und überschüssige Kuvertüre abtropfen lassen. Schokoladenfrüchte auf einem kühlen Teller trocknen lassen.

Tipp Schokoblätter passen gut zu Früchten im Schokomantel. Dafür frische, gereinigte Rosen- oder Veilchenblätter mit geschmolzener Kuvertüre einstreichen. Die Schokoladenschicht fest werden lassen und mit einer weiteren Schicht überpinseln. Sobald die Masse erstarrt ist, die Blätter vorsichtig von der Schokolade abziehen.

Zitronensahne

4 Portionen
Besonders fein
Lässt sich gut vorbereiten

• 2 Blatt weiße Gelatine • 6 Eigelb • 125 g Zucker • 1 TL Zitronenschale • ⅛ l Zitronensaft • ⅛ l Weißwein • ¼ l Schlagsahne • Schokoladenfrüchte

Gelatine in etwas kaltem Wasser einweichen.
Eigelb und Zucker mit dem Rührgerät schaumig schlagen.
Zitronenschale, Zitronensaft und Weißwein zugeben.
Gelatine in wenig heißem Wasser auflösen und unterrühren.
Schlagsahne steif schlagen und unter die Eimasse heben.
Creme in Schälchen verteilen und etwa zwei Stunden im Kühlschrank gelieren lassen.
Kurz vor dem Servieren die Creme aus dem Kühlschrank nehmen und mit Schokoladenfrüchten verzieren.

Tipp Noch hübscher sieht dieses Dessert aus, wenn Sie die Schokofrüchte mit Schokoladenblättchen unterlegen.

Erdbeercreme

4 Portionen
Raffiniert

• 500 g Erdbeeren • 100 g Amarena-Kirschen • 2 TL Stärkemehl • Saft und Schale von 1 Zitrone • 400 ml Schlagsahne • Minzeblättchen • Schokoerdbeeren

Erdbeeren putzen, waschen, die Hälfte pürieren. Kirschen abtropfen lassen, den Saft auffangen und 50 Gramm zerkleinerte Kirschen zum Erdbeerpüree geben.
Stärkemehl in kaltem Wasser glatt rühren. Erdbeerpüree mit Zitronensaft und Zitronenschale in einen Topf geben. Kurz aufkochen lassen und das Stärkemehl einrühren. Einige Male aufwallen lassen. Vom Herd nehmen. Auskühlen lassen.
Restliche Erdbeeren und Kirschen halbieren und kreisförmig auf einem Dessertteller anrichten. In der Mitte noch ausreichend Platz für das Erdbeerpüree freihalten.
Schlagsahne steif schlagen und unter das Püree heben. Püree in die Mitte des Tellers setzen.
Tellerrand mit Minzeblättchen und Schokoerdbeeren garnieren, nach Belieben noch mit etwas Puderzucker überstäuben.

Melonenigel

4 Portionen
Ganz einfach

- 1 Honigmelone
- 200 g Emmentaler
- 200 g Gouda
- 20 blaue Weintrauben

Honigmelone halbieren und mit der Schnittfläche nach unten auf eine Platte legen.

Mit dem Filzstift ein Igelgesicht auf die Melone malen.

Käse in kleine Würfel schneiden. Trauben waschen und trocknen.

Käse und Weintrauben mit Spießchen zusammenhalten und in die Melone stecken, sodass sie mit »Stacheln« bedeckt ist.

Tipp Sind keine Trauben zur Hand, können Sie den Käse auch mit Walnusskernen oder Mandarinenspalten kombinieren.

Schinkenplatte mit Melonenkörbchen

4 Portionen
Ganz einfach

- **1 Honigmelone**
- **Melissenblätter**
- **200 g gekochter Schinken**
- **200 g Parmaschinken**
- **200 g Südtiroler Speck**

Honigmelone waschen und trocknen. Melone halbieren. Von einer Hälfte den Boden abschneiden und den Rand zickzackförmig einkerben.

Kerne aus dem Fruchtfleisch entfernen. Mit einem Kugelausstecher Kugeln aus den Melonen lösen.

Fruchtkugeln in die vorbereitete Melonenhälfte füllen und mit Melissenblättern verzieren.

Gefüllte Melone in die Mitte einer Platte stellen und die Schinkensorten rundum anrichten.

Tipp Noch attraktiver ist die gefüllte Melonenhälfte, wenn ihre Schale ein schönes Muster aufweist. Mit einem Linolmesser können Sie einfach und schnell hübsche Ornamente in die Melonenschale ritzen.

Ananas-S

1 Ananasscheiben halbieren und zu einem »S« legen.

2 Mit zerkleinerten Cocktailkirschen, Nüssen oder Schokolade verzieren. Eine dekorative Bordüre für kalte Platten oder Süßspeisen erhalten Sie, wenn Sie mehrere Ananas-S zubereiten und diese so anordnen, dass das obere Ende eines »S« an ein über ihm gelegtes »S« anschließt.

Ananasschmetterling

1 Ananas halbieren und die beiden Rundseiten aneinander legen.

2 In die Mitte eine Waldbeere setzen, die Flügel mit Pistazien und gerösteten Mandelsplittern garnieren.

Tipp Mit einer Kugel Vanilleeis oder einem Klecks Sahne machen Sie aus dem Ananasschmetterling ein vollendetes Dessert.

Gefüllte Ananas

4 Portionen
Besonders fein

- **1 Ananas** • **1 Banane** • **2 Kiwis** • **2 Orangen** • **20 Trauben** • **2 Karambolen**
- **150 g Himbeeren** • **Zucker nach Belieben** • **Fruchtsirup** • **10 Cocktailkirschen**

❀ Ananas mit dem Strunk der Länge nach halbieren.
❀ Fruchtfleisch mit einem spitzen Messer aus den Hälften schneiden. Schale dabei nicht verletzen.
❀ Fruchtfleisch in Stücke zerteilen.
❀ Bananen, Kiwi, Orangen schälen und filetieren. Trauben waschen, trocknen und halbieren. Karambole in Scheiben schneiden. Himbeeren waschen und trocknen.
❀ Früchte mischen und mit etwas Zucker süßen.
❀ Ausgehöhlte Ananashälften mit Sirup auspinseln, mit Obstsalat füllen und mit Cocktailkirschen garnieren.

Kannelierte Zitrusfrüchte

1 Unbehandelte Orangen und Zitronen mit einem Linol- oder Kanneliermesser der Länge nach einkerben.

2 Früchte in Scheiben schneiden.

Tipp Reichen Sie zu Wildgerichten Preiselbeeren auf Orangenscheiben. Das sieht nicht nur hübsch aus, sondern verleiht dem Gericht auch einen dezenten Hauch Orangengeschmack.

Orangenblüten

1 Orangen mitsamt der weißen Haut schälen. Filets auslösen.

2 Zehn Filets zur Blüte anordnen. In die Mitte Beeren, etwas Marmelade oder kandierte Früchte setzen.

Tipp Filets passen zu Obstsalaten und Desserts, aber auch zu Fleisch- und Fischgerichten. Sie lieben die Begleitung von Eissalat, Chicorée oder Fenchel.

Safranbrot mit Pute

4 Portionen
Lässt sich gut vorbereiten

Für das Brot: • **500 g Mehl** • **30 g Hefe** • **1 Prise Zucker** • **¼ l Milch** • **1 TL gemahlener Safran** • **1 Ei** • **100 g weiche Butter** • **Butter für die Kastenform** • **Milch zum Bestreichen**

Für den Belag: • **200 g Crème fraîche** • **2 EL Zitronensaft** • **½ TL Currypulver** • **Salz** • **Weißer Pfeffer** • **1 Prise Zucker** • **Butter** • **400 g Putenbrustaufschnitt** • **Orangenblüten**

❀ Mehl in eine Schüssel sieben, in die Mitte eine Vertiefung drücken. Hefe mit dem Zucker in etwas lauwarmer Milch verrühren, in die Vertiefung gießen. Etwas Mehl vom Rand einrühren. 20 Minuten an einem warmen Ort gehen lassen.

❀ Safran in einem Esslöffel warmem Wasser auflösen und mit dem Ei und der Butter auf den Mehlrand geben. Von der Mitte her die Zutaten zu einem glatten Teig verkneten. Zugedeckt eine Stunde gehen lassen.

❀ Eine Kastenform ausbuttern, den Teig einfüllen, mit Milch bestreichen und im vorgeheizten Backofen bei 200 Grad 50 Minuten backen.

❀ Crème fraîche, Zitronensaft, Currypulver, Salz, Pfeffer und Zucker verrühren.

❀ Ausgekühltes Safranbrot in Scheiben schneiden, mit Butter bestreichen. Scheiben halbieren, mit Putenbrust belegen und mit der Creme garnieren. Mit Orangenblüten verzieren.

Bananenbeignets

4 Portionen
Besonders fein

• **175 g Mehl** • **2 Eier** • **1 EL weiche Butter** • **6 EL Milch** • **2 EL Rum** • **1 Prise Salz** • **4 Bananen** • **Saft von 1 Zitrone** • **Butterschmalz zum Ausbacken** • **¼ l Schlagsahne** • **1 Päckchen Vanillinzucker** • **Orangenblüten**

❀ Mehl in eine Schüssel sieben und mit Eiern, Butter, Milch, Rum und Salz verrühren.

❀ Bananen schälen, in fingerdicke Scheiben schneiden und mit Zitronensaft beträufeln.

❀ Scheiben unter den Teig heben.

❀ In einer Pfanne Butterschmalz erhitzen. Von dem Teig kleine Beignets abstechen und backen. Auf Küchenkrepp abtropfen lassen.

❀ Beignets mit Orangenblüten anrichten. Schlagsahne mit Vanillinzucker steif schlagen und dazu reichen.

Zitruskörbchen

1 Das obere Drittel von Zitronen und Orangen einschneiden, einen Henkel stehen lassen, Boden abflachen.

2 Fruchtfleisch aus den Zitrusfrüchten heben. Körbchen mit Kräutern, Cocktailtomaten oder Oliven füllen.

Tipp In Körbchen aus Orangen und Pampelmusen kommen Obstsalate hervorragend zur Geltung.

Zitrustüten

1 Orangen und Zitronen waschen, in dünne Scheiben schneiden. Diese bis zur Mitte hin einschneiden.

2 Eine Seite über die andere schieben, sodass eine Tüte entsteht. Mit Kräutern oder Cremes füllen.

Tipp Einen hübschen Rand erhalten Zitrustüten, wenn man die Fruchtschale vorab kanneliert.

Artischockenblüte

4 Portionen
Raffiniert
Braucht etwas Zeit

- 4 große Artischocken
- Salz
- Saft von 1 Zitrone
- 1 rote Paprikaschote
- 3 Möhren
- 100 g Butter
- 150 g Lachsfilet
- 100 g Steinpilze
- 3 EL Sonnenblumenöl
- Zitrustüten

Stiel der Artischocken entfernen. Reichlich Salzwasser erhitzen, Zitronensaft zufügen und Artischocken darin eine gute halbe Stunde garen. Sobald sich die Blätter leicht ablösen lassen, sind die Artischocken gar. Artischocken aus dem Wasser nehmen und kopfüber abtropfen lassen.

Paprikaschote und Möhren putzen und würfeln. Butter erhitzen, Paprika- und Möhrenwürfel dazugeben, salzen und fünf Minuten dünsten. Wenn nötig, etwas Wasser zufügen.

Lachsfilet in kleine Würfel schneiden, zum Gemüse geben und zwei Minuten mitdünsten. Vom Herd nehmen, warm stellen.

Steinpilze reinigen und in dünne Scheiben schneiden. In einer Pfanne das Öl erhitzen, Pilze darin kurz anbraten.

Aus den Artischocken die großen Blätter lösen und in Blütenform auf vier vorgewärmten Tellern anrichten. Mit einem Löffel das Heu aus der Artischocke heben, die Unterseite flach schneiden.

Artischockenböden in die Mitte der Blüte setzen. Gemüse und Pilze darüber verteilen. Mit Zitrustüten garnieren.

Heringssalat

4 Portionen
Ganz einfach

- 400 g Salzheringe
- 2 rote Äpfel
- 4 EL Zitronensaft
- 4 Gewürzgurken
- 200 g Majonäse
- Salz
- Frisch gemahlener weißer Pfeffer
- Zitrustüten

Salzheringe über Nacht in kaltes Wasser legen. Heringe abgießen, trockentupfen und feinstreifig schneiden.

Die Äpfel ungeschält in Viertel, dann in Würfel schneiden, dabei das Kernhaus entfernen. Mit Zitronensaft marinieren.

Gewürzgurken ebenfalls in kleine Würfel schneiden. Alles in eine Schüssel geben und mit der Majonäse vermischen. Mit Salz und Pfeffer abschmecken.

Den Salat auf einem flachen Teller anrichten und ringsum mit Zitrustüten garnieren.

Zitruszesten

❶ Unbehandelte Orangen und Zitronen waschen. Mit dem Zestenreißer die Schale abziehen.

❷ Orangen und Zitronen in dünne Scheiben schneiden. Zesten darauf verteilen.

Tipp Wer keinen Zestenreißer zur Hand hat, schneidet die Schale mit dem Messer in sehr dünne Streifen.

Zitronenspirale

❶ Zitrone in dünne Scheiben schneiden. Jede Scheibe bis zur Mitte einschneiden.

❷ Zitronenteile an den Schnittstellen in entgegengesetzter Richtung verdrehen. Mehrere Zitronenspiralen aneinander gereiht, ergeben eine lange Spirale.

Tipp Zitronenspiralen sind eine schöne Dekoration für Fischgerichte.

Steinbuttrosetten

4 Portionen
Raffiniert

- 4 gleich große Steinbuttfilets (etwa 500 g)
- Salz
- Frisch gemahlener weißer Pfeffer
- 2 Zitronen
- ⅛ l Fischfond
- 50 g Butter
- 1 EL Schalottenwürfel
- 100 ml Champagner
- 100 ml Fischfond
- 50 g Algen
- 1 EL Möhrenwürfel
- Zitronenspiralen

Steinbuttfilets schräg in dünne Scheiben schneiden und zu Rosetten zusammenfügen. Mit Salz, Pfeffer und dem Saft von einer Zitrone würzen.

In eine ausgebutterte Form setzen, heißen Fischfond angießen und im Backofen bei 150 Grad glasig werden lassen. Dabei immer wieder mit Fischfond begießen, damit die Rosetten nicht austrocknen.

Butter zerlassen und die Schalottenwürfel darin dünsten. Mit Champagner ablöschen, den Fischfond zugießen. Etwas einkochen.

Algen waschen und blanchieren, eiskalt abschrecken, abtropfen lassen.

Möhrenwürfel in etwas Salzwasser blanchieren und abtropfen lassen. Eine Zitrone filetieren.

Algen, Möhren und Zitronenfilets zur Sauce geben. Sauce auf vorgewärmte Teller verteilen, Fischrosetten darauf anrichten und ringsum mit Zitronenspiralen garnieren.

Birnenfächer

1 Nicht zu reife Birnen schälen und halbieren.

2 Kerngehäuse vorsichtig aus der Frucht herauslösen.

3 Von der breiten Seite her das Fruchtfleisch etwa neunmal einschneiden, an der Stielseite aber nicht durchtrennen!

4 Birnen auf Desserttellern anordnen und die Scheiben zu einem Fächer zurechtschieben.

Tipp Birnenfächer sind eine fruchtige Beilage zu Desserts. Kinder lieben sie solo, aber auch garniert mit Sahnetupfern, Nusssplittern oder Schokoraspeln. Mit einer Kugel Vanilleeis, etwas Sahne und Schokosauce wird aus dem Fächer eine dekorative Variante der traditionellen Birne Helene.

Birne in Aspik

4 Portionen
Gut vorzubereiten

Für die Sülze: • 10 Blatt weiße Gelatine • 1 l Rotwein • 100 ml ungesüßter Holundersaft • 3 Nelken • 1 Messerspitze Zimt • ½ TL Schale einer unbehandelten Zitrone • 100 g Zucker • 4 große, feste Birnen

Für die Creme: • ½ l Milch • 1 Päckchen Vanillepuddingpulver • 2 EL Zucker • 2 EL Butter • 1 Prise Salz • 2 Eigelb • ¼ l Schlagsahne • Zesten von 1 unbehandelten Orange • Minzeblättchen

❀ Gelatine in kaltem Wasser einweichen. Rotwein, Holundersaft, Nelken, Zimt, Zitronenschale und Zucker in einem Topf zum Kochen bringen.

❀ Birnen schälen, das Kernhaus herausschneiden. Birnenhälften in die Rotweinmischung geben und 25 Minuten kochen. Birnen aus dem Wein heben, abkühlen lassen.

❀ Rotwein abseihen, ausgedrückte Gelatine einrühren.

❀ Birnen in Fächer schneiden und in eine Form schichten. Aspik darüber geben. Kalt stellen.

❀ Für die Creme fünf Esslöffel Milch abnehmen und mit dem Puddingpulver verrühren. Restliche Milch mit Zucker, Butter und Salz zum Kochen bringen. Puddingbrei einrühren und aufkochen.

❀ Vom Herd nehmen, Eigelb unterrühren. Auskühlen lassen, dabei ab und zu umrühren.

❀ Schlagsahne steif schlagen und unter die Creme heben. Creme in einen Spritzbeutel mit gezackter Tülle füllen, die Sülze damit ringsum garnieren.

❀ Sülze mit Orangenzesten und Minzeblättchen verzieren.

Pochierte Birnen

4 Portionen
Besonders fein

• ¼ l Weißwein • 100 g Zucker • 1 Gewürznelke • 1 Zimtstange • 1 Vanilleschote • 4 feste Birnen

❀ Weißwein mit einem halben Liter Wasser in einen Topf geben. Zucker, Gewürznelke und Zimtstange dazugeben.

❀ Vanilleschote aufschlitzen und ebenfalls in den Topf geben. Flüssigkeit zum Kochen bringen.

❀ Birnen schälen, halbieren, Kernhaus entfernen. Birnenhälften in den Sud legen und 25 Minuten pochieren. Herausnehmen, auskühlen lassen.

❀ Birnenfächer anfertigen und auf Desserttellern anrichten.

Apfelblüte

1 Apfel mit schöner, kräftig roter Schale waschen, trocknen und vierteln. Kerngehäuse entfernen.

2 Eine kleine Kerbe in die Schale schneiden. Parallel zu den Rändern der Kerbe nochmals einschneiden, dabei einen schmalen Fruchtstreifen stehen lassen. Mehrmals wiederholen.

3 Die übrigen Viertel des Apfels ebenso zuschneiden und die Teile nach einer Seite hin verschieben. Spalten mit Zitronensaft beträufeln.

4 Zwei Apfelfächer nebeneinander anordnen, mit Zitronenmelisseblättern verzieren und mit Kakao oder Puderzucker bestäuben.

Tipp Apfelblüten sind ein viel bewundertes Beiwerk und eignen sich für Obstsalate und diverse Desserts.

Ornamentierte Bratäpfel

4 Portionen
Preiswert
Ganz einfach

- **4 mittelgroße Äpfel**
- **Saft von 1 Zitrone**
- **30 g Butter**
- **4 EL Preiselbeerkompott**
- **1 EL Zucker**
- **50 g Crème fraîche**

Äpfel waschen und trocknen.

Mit einem Ziseliermesser verschiedene Muster in die Schalen schneiden. Weiße Stellen mit etwas Zitronensaft bestreichen.

Mit dem Apfelausstecher das Kernhaus aus den Äpfeln holen.

Eine feuerfeste Form mit einem Drittel der Butter ausstreichen.

Äpfel in die Form setzen und mit Preiselbeerkompott füllen. Mit Zucker bestreuen und mit Crème fraîche bedecken. Die restliche Butter in Flöckchen obenauf geben.

Im vorgeheizten Backofen bei 200 Grad etwa 25 Minuten backen.

Die Äpfel auf einer Platte anrichten und noch heiß servieren.

Tipp Gäste freuen sich ganz besonders über Bratäpfel, in die ihr Name eingeritzt wurde.

Pfirsiche mit grünem Hut

4 Portionen
Sehr fein

- 6 reife Pfirsiche
- 2 EL Zitronensaft
- 1 EL Zucker
- 2 EL Amaretto
- Je 5 EL fein gehackte Pistazien- und Pinienkerne
- 20 g Butter
- ¼ l Schlagsahne
- 2 Päckchen Vanillinzucker
- 4 geschälte Kiwis

Pfirsiche mit kochendem Wasser überbrühen, abschrecken, halbieren, entsteinen und pellen. Mit Zitronensaft beträufeln.

Vier Pfirsichhälften zerkleinern, pürieren. Zucker und Amaretto unterrühren.

Pistazien- und Pinienkerne vermischen, die Hälfte der Mischung in vier Pfirsichhälften verteilen, die restlichen Pfirsichhälften darauf setzen.

Eine feuerfeste Form ausbuttern, die Pfirsiche hineingeben, das Püree zugeben. Im vorgeheizten Backofen bei 200 Grad 15 Minuten garen. Herausnehmen und Pfirsiche auf Desserttellern anrichten.

Sahne mit Vanillinzucker steif schlagen, in einen Spritzbeutel mit gezackter Tülle geben und die Pfirsiche ringsum bespritzen.

Mit den restlichen Pistazien- und Pinienkernen bestreuen. Halbierte Kiwischeiben ringsum anlegen.

Pfirsiche mit Mandelhäubchen

4 Portionen
Ganz einfach

- 4 reife Pfirsiche
- 150 g Crème fraîche
- 1 EL Zucker
- 100 g Mandelblättchen
- Butter für die Form

Pfirsiche mit heißem Wasser überbrühen, kalt abschrecken. Die Haut entfernen.

Pfirsiche halbieren und Kern aus dem Fleisch lösen. Vorsichtig verfahren, damit die Pfirsichhälften nicht zerbrechen.

Eine feuerfeste Form ausbuttern. Die Pfirsiche mit der Schnittfläche nach unten in die Form geben.

Crème fraîche mit dem Zucker verrühren. Auf jede Fruchthälfte einen Klecks der Creme geben. Mandelblättchen aufstreuen.

Pfirsichhälften im vorgeheizten Backofen bei 200 Grad etwa 15 Minuten garen.

Pfirsiche aus dem Ofen nehmen und noch warm servieren.

Pikante Pfirsichblüte

4 Portionen
Raffiniert

- 100 g Cashewkerne
- 1 EL Zucker
- 2 EL Weißwein
- 10 g Butter
- 4 schöne, reife Pfirsiche
- 100 g Roquefortkäse
- 1 EL Butter
- 100 ml Schlagsahne

Cashewkerne längs halbieren.

Zucker in einer kleinen Pfanne schmelzen. Weißwein und Butter zufügen. Zucker karamellisieren lassen. Cashewkerne im Karamell wenden, herausnehmen und abkühlen lassen.

Pfirsiche waschen und trockentupfen, halbieren, entsteinen und in Spalten schneiden.

Pfirsichspalten in Blütenform auf einem Teller anordnen.

Pfirsiche mit den karamellisierten Cashewkernen garnieren.

Roquefortkäse mit der Butter vermischen. Sahne steif schlagen und unter die Käsemasse heben.

Käsecreme in die Mitte der Pfirsichblume geben.

Tipp Der kräftige Roquefortkäse harmoniert geschmacklich auch sehr gut mit Melonen.

Kandierte Kirschen

1 500 Gramm Sauerkirschen waschen und entsteinen, in einem Durchschlag über kochendem Wasser fünf Minuten dämpfen.

2 500 Gramm Puderzucker bereitstellen. Kirschen auf einen Teller geben und mit zwei Esslöffeln Puderzucker besieben. Zucker einziehen lassen.

3 Die Kirschen wenden und wieder mit zwei Esslöffeln Puderzucker besieben. So fortfahren, bis der gesamte Puderzucker verbraucht ist.

4 Kirschen in ein verschließbares Glas geben und fünf Tage lang ziehen lassen. Dann können sie verwendet werden.

Tipp Auf die gleiche Weise können Sie auch süße Leckerbissen aus Aprikosen, Ananas und Pfirsichen herstellen.

Orangencreme

4 Portionen
Besonders fein

- **4 Blatt weiße Gelatine** • **4 Eier**
- **¼ l Blutorangensaft** • **2 EL Zucker**
- **2 TL Schale einer unbehandelten Orange**
- **2 EL Orangenlikör** • **¼ l Schlagsahne**
- **2 Päckchen Vanillinzucker**
- **Kandierte Früchte zum Garnieren**

Gelatine in kaltem Wasser einweichen. Eier trennen. Eigelb in eine Schüssel geben, mit Zucker und Orangenschale zu einer dicklichen Creme schlagen.

Gelatine tropfnass in einen Topf geben, leicht erhitzen, damit sie sich auflöst. Zum Orangensaft geben.

Orangensaft in die Creme rühren. In den Kühlschrank stellen, bis die Creme zu gelieren beginnt.

Likör unter die Creme rühren. Eiweiß steif schlagen und unter die Creme heben.

Creme in ein Glasgefäß füllen und über Nacht in den Kühlschrank stellen.

Vor dem Servieren die Sahne mit Vanillinzucker steif schlagen, in einen Spritzbeutel mit gezackter Tülle füllen und auf die Creme spritzen. Mit kandierten Früchten garnieren.

Mandelcreme

4 Portionen
Lässt sich gut vorbereiten

- **150 g geröstete Mandelblättchen**
- **1 l Milch** • **6 Blatt weiße Gelatine** • **125 g geröstete Mandelstifte** • **200 g Puderzucker**
- **3 EL Weinbrand** • **12 Eigelb** • **1 TL Schale einer unbehandelten Zitrone** • **2 EL Stärkemehl** • **4 Eiweiß** • **Kandierte Früchte**

Milch mit Mandelblättchen aufkochen, vom Herd nehmen und fünf Stunden ziehen lassen. Gelatine in kaltem Wasser einweichen.

Mandelstifte mit einem Teelöffel Puderzucker und Weinbrand mischen. Eine Schüssel damit auslegen.

Eigelb, 150 Gramm Puderzucker und Zitronenschale cremig schlagen, Stärkemehl einrühren. Mandelmilch aufkochen, durch ein Sieb zur Eimasse füllen. Im heißen Wasserbad stocken lassen.

Gelatine tropfnass in einen Topf geben, erwärmen. Sobald sie sich aufgelöst hat, unter die Mandelcreme rühren. Creme kalt stellen, mehrmals umrühren.

Eiweiß mit dem restlichen Puderzucker steif schlagen und unter die Creme heben, kalt stellen. Mit kandierten Früchten garnieren.

Garnieren mit Butter, Eiern & Teig

Butterblumen

1 Gut gekühlte Butter in Scheiben von einem Zentimeter Dicke schneiden. Messer zwischendurch in heißes Wasser tauchen.

2 Mit einem Förmchen Blüten ausstechen. Auch Stern-, Rauten- oder Pilzformen eignen sich für diese Deko. Butter bis zum Servieren in Eiswasser legen.

Blüten aus Orangenbutter

4 Portionen
Ganz einfach

- **2 unbehandelte Orangen**
- **1 EL fein geschnittene Petersilie**
- **1 TL Zitronensaft**
- **1 TL scharfer Senf** • **Salz**
- **Frisch gemahlener weißer Pfeffer**
- **250 g weiche Butter**

Orangen sorgfältig waschen und abtrocknen.

Die Schalen fein reiben und in eine Schüssel geben.

Petersilie unter die Orangenschalen mischen. Zwei Esslöffel Orangensaft, Zitronensaft, Senf, Salz, Pfeffer und die Butter beimengen.

Aus der Buttermasse einen Block formen und kalt stellen.

Block in Scheiben schneiden und mit Förmchen Blüten ausstechen.

Tipp Köstliche Knoblauchbutter selbst gemacht: Sechs Knoblauchzehen schälen und zerdrücken. Mit einem Esslöffel fein geschnittenen Kräutern, dem Saft einer Zitrone und einer Prise Salz unter 250 Gramm Butter mengen. Zu einem Block formen und kalt stellen.

Butterrosen

1 Zimmerwarme Butter zwischen Klarsichtfolie legen und mit dem Nudelholz dünn ausrollen. Zehn Scheiben mit etwa vier Zentimetern Durchmesser ausstechen.

2 Erste Scheibe eng aufrollen und die Enden vorsichtig festdrücken.

3 Die übrigen Scheiben jeweils am unteren Rand um den Kern herum legen und andrücken.

4 Die fertig geformte Rose mit Petersilienblättern unterlegen und bis zum Servieren kühl stellen.

Tipp Marzipan eignet sich ebenfalls hervorragend für die Herstellung von Rosen. Dafür Marzipanmasse mit Lebensmittelfarbe rot färben, ausrollen und entsprechend den Stepps für Butterrosen modellieren.

Bunte Butterkugeln

1 Aus gut gekühlter Butter mit einem Kugelausstecher kleine Bällchen ausstechen. Kugeln bis zur weiteren Verwendung in Eiswasser legen.

2 Die Kugeln nach Belieben in fein geschnittenen Kräutern, gehackten Nüssen, Paprikapulver, Sesamsamen, Pfefferkörnern oder Korianderen wälzen.

Käseplatte mit Nussbutter

4 Portionen
Ganz einfach

Für die Butterblumen:

- **200 g Butter**
- **80 g Haselnüsse**
- **80 g Walnüsse**
- **1 EL Meerrettich**
- **1 EL fein geschnittener Schnittlauch**
- **Salz**

Für die Käseplatte:

- **200 g Gouda**
- **200 g Edamer**
- **200 g Butterkäse**
- **200 g Edelpilzkäse**
- **200 g Tilsiter**

Einen Esslöffel Butter in einer Pfanne zerlassen, die Nüsse hineingeben und rösten. Vom Herd nehmen, abkühlen lassen und hacken.

Butter in eine Schüssel geben und schaumig rühren. Nüsse, Meerrettich, Schnittlauch und etwas Salz dazugeben. Kalt stellen.

Käsesorten auf der Platte anrichten.

Kugeln aus der Nussbutter ausstechen und zwischen den Käse legen.

Tipp Sehr hübsch sehen Butterbällchen aus, wenn sie in Form einer Weinrebe auf den Tisch kommen. Für eine große Rebe benötigt man etwa 30 bis 40 Kugeln. Stiel und Blätter können ebenfalls aus Butter geformt werden.

Butter von der Rolle

1 Zimmerwarme Butter auf Haushaltsfolie geben und mit einem angefeuchtetem Nudelholz fünf Millimeter dick ausrollen.

2 Basilikumblätter auf die ausgewalzte Butterplatte streuen. Platte zusammenrollen.

3 Butterrolle in Alufolie wickeln und in den Kühlschrank legen.

4 Kurz vor dem Servieren die Rolle aus dem Kühlschrank nehmen, Folie entfernen und die Butter in Scheiben schneiden.

Tipp Statt Basilikum können Sie auch Salbei- und Rosmarinblüten in die Butter rollen. Extravaganten Geschmack und kräftige Farbtupfer verleihen Sie der Butter, wenn Sie Chrysanthemen- oder Rosenblüten verwenden.

Fliegenpilz mit Ei

4 Portionen
Ganz einfach

- 4 Eier
- 2 Tomaten
- 1 Eigelb
- Salz
- 200 ml Öl
- 1 TL Essig
- 1 Messerspitze Senf
- 1 Prise Zucker
- Petersilie

Eier hart kochen, abschrecken und schälen. Am dickeren Ende flach schneiden, damit sie gut stehen.

Tomaten halbieren und die Hälften aushöhlen. Als Hut auf das Ei setzen.

Für die Majonäse das Eigelb und eine Prise Salz in einer Schüssel cremig rühren.

Tropfenweise das Öl einrühren. Danach die Majonäse noch drei Minuten rühren.

Sobald sie dickflüssig ist, mit Salz, Essig, Senf und Zucker abschmecken. Verwenden Sie für die Majonäse nur zimmerwarme Zutaten. Eier sollten möglichst frisch sein; achten Sie darauf, dass sie nicht älter als fünf Tage sind.

Majonäse in einen Spritzbeutel mit kleiner, runder Tülle füllen und Tupfer auf den roten Hut setzen.

Fliegenpilze auf einer Servierplatte anrichten. Krause Petersilie zwischen die Pilze legen.

Tipp Aus Majonäse lassen sich mit Zutaten wie Tomatenketschup, Schnittlauchröllchen, Dill, Kerbel, Estragon, Tomatenwürfeln, gehackter Zwiebel oder Knoblauchzehen würzige Saucen zubereiten.

Formen aus Blätterteig

❶ Tiefgekühlten Blätterteig auf bemehlter Fläche ausrollen. Mit kleinen Förmchen Muster ausstechen.

❷ Im vorgeheizten Backofen bei 220 Grad etwa acht Minuten goldbraun backen.

Consommé mit Einlage

4 Portionen
Braucht etwas Zeit

- **200 g mageres Rindfleisch**
- **1 Bund Suppengrün**
- **1 EL fein geschnittene Petersilie**
- **2 Knoblauchzehen**
- **6 Pfefferkörner**
- **1 Eiweiß**
- **1 l Rinderbrühe**
- **Salz**
- **1 Messerspitze Muskat**
- **Blätterteig**

Fleisch durch die grobe Scheibe des Fleischwolfs drehen. Suppengrün zerkleinern. Fleisch, Suppengrün und Petersilie in einen Topf geben.

Knoblauch schälen, zerdrücken, mit den Pfefferkörnern, Eiweiß und vier Esslöffeln Wasser vermischen und zur Fleischmasse geben. Alles gut verkneten. Kalte Brühe zugießen.

Zum Kochen bringen, dabei mehrmals umrühren, Schaum abschöpfen.

Die Brühe zwei Stunden sieden lassen. Blätterteigeinlage herstellen.

Brühe vom Herd nehmen, mit Salz und Muskat würzen. Eine halbe Stunde ruhen lassen, durch ein Passiertuch geben. Brühe nochmals zehn Minuten stehen lassen. Das Fett auf der Oberfläche mit Küchenkrepp entfernen.

Vor dem Servieren Brühe nochmals kurz erwärmen, in Suppentassen füllen und mit der Einlage verfeinern.

Die Autorin

Oda Tietz ist studierte Germanistin und Journalistin. Seit über 20 Jahren liegt der Schwerpunkt ihrer Arbeit auf den Themen Essen und Trinken, dabei sind mehrere höchst erfolgreiche Kochbücher entstanden. Oda Tietz lebt in Leipzig.

Die Fotografin

Helga Florian ist ausgebildete Fotografin. Seit einigen Jahren hat sie sich auf die Bereiche Food, Werbung und Digitale Bildbearbeitung spezialisiert.

Food Styling: Daniel Petri
Assistenz: Stefan Oelze
Produktionsassistenz & Styling:
Gabriele Goschke
Requisitenbeschaffung: Franz-Josef Kopp · Erwin Kraus
Wie bedanken uns bei Hutschenreuther Porzellan & Winterling AG, Kirchenlamitz: Das Porzellan wurde uns für die Produktion freundlicherweise zur Verfügung gestellt.

Bildnachweis

Alle Fotos: Helga Florian, München; außer: StockFood, München: 8 (S. & P. Eising), 8 re. unten (S. Eising), 8 li. unten (S. & P. Eising), 9 re. oben (Pudenz), 9 re. Mitte (Studio Bonisolli), 9 re. unten (Arras)

Haftungsausschluss

Die Inhalte dieses Buches sind sorgfältig recherchiert und erarbeitet worden. Dennoch können weder die Autorin noch der Verlag für die Angaben in diesem Buch eine Haftung übernehmen.

Impressum

Weltbild Buchverlag –Originalausgaben–

Steinerne Furt 67 · 86167 Augsburg
4., aktualisierte und überarbeitete Auflage 2003

Redaktion: Ursula Klocker · München
Bildredaktion: Susanne Allende
Umschlag: X-Design, München
Layout/Satz: Dirk Risch · Berlin
Reproduktion: kaltnermedia GmbH · Bobingen
Druck und Bindung: aprinta Druck GmbH & Co. KG, Senefelderstr. 3–11, 86650 Wemding
Printed in Germany
ISBN 3-89604-810-4

Zum Nachschlagen